DAS POLARITY HANDBUCH

Wilfried Teschler

DAS POLARITY HANDBUCH

Eine praktische Einführung in die harmonisierende und heilende Energie-»Massage«

SCHANGRILA

Erste Auflage 1984
2. überarbeitete Auflage 1985
© Edition Schangrila/Haldenwang
Alle Rechte vorbehalten
Umschlaggestaltung: Wolfgang Jünemann
ISBN 3-924624-03-8

Printed in Germany

Inhalt

Vorwort	7
Was ist Polarity / Polarität?	9
Polarisierungen im täglichen Leben	10
Was ist Polaritätsmassage	11
Der Energiefluß	12
Polarityarbeit	16
Kleidung	16
Äußere Haltung	16
Innere Haltung	17
Das Erkennen von Energieblockaden	18
Das Polarisieren der einzelnen Körperteile	22
Die Füße	22
Füße und Unterschenkel	25
Das Knie	26
Der Beinkreis	28
Das Becken	29
Der Rücken	41
Schultern, Nacken und Arme	54
Der Kopf	64
Die Chakras	80
Die Lage der Chakras	82
Abweichungen vom Normalzustand	86
Arbeit an den Chakras	90
Das Ausgleichen der Chakraenergien	94
Polarityübungen	96
Das Wahrnehmen von Polaritäten – Übungen	96
Polaritykreislauf nach Richard Gordon	102
Der ganz große Kreis	102

Meditation	104
Yin — Yang	104
Energie — Atmung	104
Energie — Atmung — Herz	104
Bauch — Atmung — Energie	105
Die vier Elemente	105
Farben	106
Körpermeditation	107
Energiemeditation	107
Energieausgleich mit der Polarity-Wortmeditation	107
Die Hautreizungen	110
Die Ladungen	110
Die horizontalen Ladungen	110
Die vertikalen Linien	110
Die Punkte	112
Die Energien	113
Wirksamkeit und Wirklichkeit	115
Nochmals: Was ist Polarität?	115
Nochmals: Was ist Polarity?	115
Für wen ist Polarity geeignet?	116
Wer kann Polarity anwenden?	116
Fallbeispiele	117
Grundsätze	119
Nullpunkt	122
Bibliografie	124

Vorwort

Dieses Buch habe ich aus zwei Gründen geschrieben:
Einmal weil ich mir selbst einen klaren systematischen Überblick über die Bereiche der Polarity verschaffen wollte, und zum anderen, weil ich fand, daß es an der Zeit ist, Polarity einem größeren Personenkreis zur Verfügung zu stellen.

In den letzten Jahren habe ich Polarity in Gruppen- und Einzelsitzungen angewandt und gute Erfahrungen damit sammeln können.

Mit der Zeit wurde immer klarer, daß Polarity *jedem* die Möglichkeit bietet, sein Denken, sein Fühlen, seine Körperlichkeit, und damit sein ganzes Dasein zu vervollkommnen und sich mit einer zuverlässigen, leicht praktikablen Methode weiterzuentwickeln.

Polarity, wie sie bisher bekannt war, habe ich um meditative Techniken, Bewußtwerdungs- und Bewußtseinsübungen, Polarisierung von Hautreizungen erweitert. Darüber hinaus habe ich mich um ein psychologisches Verständnis der Struktur und des Inhalts der Körperenergie bemüht.

Mein Wunsch ist, daß Polarity möglichst vielen Menschen die Möglichkeit gibt, aus dem Dilemma der Zweiteilung und der Ichhaftigkeit zur Harmonie in der Einheit zu gelangen, zu ihrem Ursprung, zu einem wirklich lebendigen Leben.

Mönchengladbach 1983
Wilfried Teschler

Was ist Polarity/Polarität?

Seit einigen Jahren nutze und entwickle ich Polarity für mich selbst und für andere, in Gruppen und in Einzelsitzungen. Die Entwicklung und Erweiterung der bisher in Deutschland bekannten Techniken hat mir und anderen viel Freude und Ausgeglichenheit gebracht.

Das Gebiet der Polarität ist ein sehr weites Feld. Aber immer wieder war ich überrascht über die einfache Handhabung und Vielfältigkeit der Arbeit in und mit den Polaritäten. Viele Übungen und Griffe sind in diesem Buch neu beschrieben und eigene Entdeckungen wurden hinzugefügt. Sicherlich aber gibt es auf diesem Gebiet noch viel zu erarbeiten. Falls du weitere Arbeitsmöglichkeiten kennst bzw. entdeckst oder wenn du Kritik und Anregungen zu diesem Buch hast, freue ich mich, wenn du sie mitteilst.

Wir alle haben es "in der Hand", unserem Partner und unseren Mitmenschen mit der Polaritätsmassage zumindest ein wenig näher zum vollkommenen Ausgleich, zum Nullpunkt, zu sich selbst, zur Liebe und zum Frieden zu verhelfen.

Polarität ist all-umfassend. Ein polares System ist ein Gleichgewichtsspiel von Gegensätzen, die einander ergänzen. Von außen erscheint es als Ganzheit. Eine ausgeglichene Polarität ist die Einheit in sich selbst. Sie ruht und ist zugleich in ständiger Bewegung. Wir nennen diesen Zustand den Nullpunkt.

Polarität finden wir überall. Das Dunkel kann nicht ohne das Helle existieren, das Innen nicht ohne das Außen. Nichts kann vergehen, ohne daß es gewachsen ist. Das sind alltägliche, selbstverständliche Vorgänge, die unser Leben grundsätzlich und in Einzelheiten formen.

Schau dir doch einfach mal die Polaritäten deines Daseins mit Abstand und in Ruhe an.

Polaritäten prägen unser Leben. Manche Menschen lassen sich zwischen den Polaritäten hin- und herreißen, andere weigern sich, die Pole anzuerkennen, wieder andere schwingen mit, lassen sich tragen, sind die Polarität, sind eins mit der großen Einheit.

Wir leben entweder in und mit der Polarität und sind einheitlich, oder wir blockieren sie und befinden uns im Zwie-spalt. Wir blockieren dann in und um uns die Lebensenergie. Gehe ich z.B. im Winter sommerlich leicht gekleidet, d.h. akzeptiere ich nicht den Winter als Polarität zum Sommer, so muß ich damit rechnen, daß ich mich erkälte. Die Folge der Starrsinnigkeit (Energieblockade) erscheint in Form einer Erkrankung.

Blockaden wie Unzufriedenheit, Muskelverhärtung, Unruhe, Erkrankung, zeigen uns, wenn wir aufmerksam für unsere Lebensumstände sind, daß wir aus dem Gleichgewicht, aus unserer Einheit geraten sind.

Das Naturgesetz der Polaritäten fordert uns zu einer dauernden Aufmerksamkeit, Auseinandersetzung und Klärung mit uns selbst und unserer Umwelt heraus. Findet keine Klärung statt, wird das Leben und Erleben eingeschränkt, wenn nicht gar abgetötet.

Polarisierungen im täglichen Leben

Energieaustausch kennen wir alle. Eine Mutter oder ein Vater nimmt ein Kind auf den Arm. Wenn beide innig beieinander sind, verschmelzen sie zu einer Einheit. Kranke Kinder suchen oft die körperliche Nähe der Mutter. Sie spüren sehr stark die heilende Wirkung eines Energieaustausches.

Wir geben uns oft bei Begrüßung und Abschied die Hände. Zwei Menschen mit verschiedenen Energieladungen treten in Kontakt. Jeder spürt für eine kurze Zeit die Energie des anderen und ein Energieaustausch wird durch die körperliche Berührung möglich. Jeder lernt den anderen auf der energetischen Ebene ein wenig kennen. Falls einer mit Energie sehr überladen ist, kann es beim Händeschütteln knistern, manchmal kann dann sogar ein kleiner Stromschlag verspürt werden. Geht keine Energie über, bleibt der Handschlag eine leere Geste.

In unserem Kulturkreis ist auch das Händefalten zum Gebet weit verbreitet. Der Mensch mit gefalteten Händen polarisiert sich im Schulter- und Kofpbereich, damit tritt eine geistige Beruhigung ein.

Den totalen Energieausgleich kannst du in der Sexualität erleben. Mann und Frau sind gegensätzlich geladen. Sie repräsentieren die Kräfte des Yin und Yang. Lassen beide während des Geschlechtsaktes ihre Energien fließen, so kommen sie zum Nullpunkt. Sie werden eine Einheit. Halten die Partner beim Sex ihre Energien fest, kann es bestenfalls eine gut ausgeführte Körperübung werden; es treffen dann nur Haut und Knochen aufeinander.

Was ist Polaritätsmassage

Polaritätsmassage ist das bewußte Einsetzen der zwischen zwei Polen fließenden Lebensenergie, um Energieblockaden aufzulösen. Das Ziel ist die befreite Lebensenergie, Ausgeglichenheit, Einheit: der Nullpunkt.

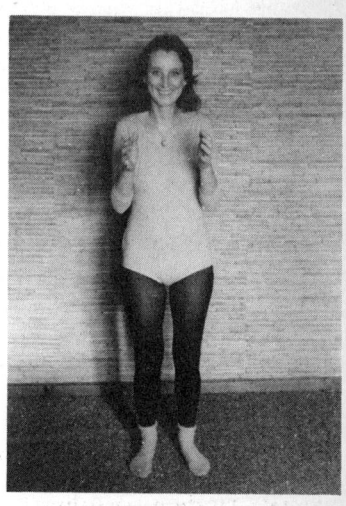

Bild 1: Energiefluß zwischen den Händen

Du läßt den Lebensstrom zwischen deinen Händen hin- und herfließen. Es ist ein Zulassen und kein aktives Wollen.

Du wirst feststellen, daß der Strom um so stärker fließt, je mehr und tiefer du atmest.

Dieser feine Energiefluß zwischen deinen Händen spült beim

Massieren die energetischen Unebenheiten im Körper deines Partners hinweg, die Über- oder Unterladungen werden ausgeglichen. Dieser Strom zwischen deinen Händen ist stärker als jede Blockade. Er findet immer den kürzesten und schnellsten Weg zum Ausgleich.

Jede Zelle im Körper tendiert von sich aus zur Harmonie. Diesem Bedürfnis kommt der Lebensstrom zwischen deinen Händen entgegen. Wenn du massierst, kommen das natürliche Bedürfnis des Körpers nach Harmonie und der Lebensstrom zwischen deinen Händen zusammen; es besteht dann kein Unterschied mehr zwischen der Lebensenergie deines Partners und deiner eigenen. Die Gegensätze sind aufgehoben, ihr seid eins.

Der Energiefluß

In dir und um dich ist ein stetes Fließen. Die Lebensenergie fließt zwischen oben (plus) und unten (minus), zwischen vorn (+) und hinten (−) hin und her.

Im gesunden, harmonischen Menschen ist ein gleichmäßiger Austausch zwischen den Polen vorhanden. Das äußert sich in Wohlbefinden, Gelassenheit nach innen und in Liebe und Akzeptieren des anderen nach außen.

Übungsvorschlag: Erkennen des Energieflusses
Stelle dich entspannt deinem ebenfalls stehenden Partner gegenüber. Sein Energiefeld hat eine bestimmte Struktur. Lasse es auf dich wirken. Mache dir keine Vorstellungen, wie es aussehen sollte. Suche zunächst die Überladungen. Sie sind einfach zu erkennen. Diese Körperregionen sind auffälliger als die übrigen, entspannten Teile. Du magst sie als unproportioniert empfinden. Viele Männer sind in den oberen Körperbereichen überladen, viele Frauen dagegen in den unteren Bereichen.

Die Energie im Körper deines Partners kann stark oder schwach fließen. Sie kann dunkel oder hell sein. Vielleicht hat dein Partner insgesamt zuviel Energie. Wenn er zu wenig hat, wirkt er wie ausgemergelt und ausgebrannt.

Es sind so viele Variationen möglich wie es Menschen und Körperteile gibt.

Solltest du auf Anhieb nicht die Energieverteilung erkennen können, übe einfach weiter. Im Bus oder auf der Straße kannst du dir immer wieder einige Minuten Zeit nehmen, um zu beobachten und deinen Blick zu schulen.

Wenn du die Energieverteilung bei deinem Partner erkannt hast, sprich mit ihm darüber. Dieser Austausch ist wichtig. Du lernst immer differenzierter die Verteilung zu sehen, und für deinen Parner ist es eine Selbsterfahrung. Nach diesem Gespräch wiederhole nochmals die Übung. Es kann durchaus sein, daß das Energiefeld sich geändert hat.

Setze dich und deinen Partner bei dieser Übung nicht unter Druck, denn das würde garantiert zu einer Blockade zwischen euch führen.

Der Mensch ist gegenüber der Erdenergie positiv geladen. Ist der Energieaustausch zwischen Erde und Mensch eingeschränkt oder blockiert, so fühlt sich der Mensch entwurzelt, getrieben, irgendwie unfaßbar unruhig. Er hat keine Heimat und ist nirgendwo richtig zu Hause. Er steht außerdem nicht mit beiden Beinen auf dem Boden. Für Menschen mit solchen Blockaden ist es sehr schwierig, einen angemessenen Standpunkt zu beziehen, ihn zu vertreten und, wenn nötig, ihn zu verlassen.

Übung:
Stelle dich aufrecht hin. Die Füße haben einen Abstand von etwa 30 cm. Lenke deine Aufmerksamkeit *in* und *auf* deine Füße. Lasse deine Füße Wurzeln schlagen, die sich mit der Erde verbinden. Lasse die Wurzeln wachsen und gedeihen; mit ihrem Wachsen wächst deine Entwicklung. Mit der Zeit werden deine Wurzeln den Erdmittelpunkt erreichen und sich darin verankern.

Solltest du im Verhältnis zur Erdenergie unterladen sein, wird dir Mutter Erde nach dem Gesetz des Ausgleichs Energie geben; du wirst dich danach besser fühlen. Bist du überladen, lasse die überflüssige Energie in die Erde ab.

Zwinge dich weder zum Abgeben noch zum Aufnehmen. Lasse es einfach geschen.

Zwischen Mutter Erde (−) und Vater Sonne (+) besteht ein ständiger energetischer Austausch von gewaltigen Energiemassen, die beide, den Planeten und seine Sonne, in ihrem Bestand und in ihrer Bahn halten. Ein Mensch, der sich mit dem Kraftfeld der Erde verbunden hat, mit ihm zur Einheit geworden ist, findet als nächsten Gegenpol die Sonne. Sei dir bewußt, daß du dann auf dieser Entwicklungsstufe, auf dem Wege zur Einheit mit der Sonne bist. Im ständigen Austausch mit der Sonne hast du eine enorme Vitalität, Kreativität und Schaffenskraft. Blockierst du diesen Austausch, bist du schnell zermürbt, deprimiert und überanstrengt. Wenn du dies voll eingesehen hast, wirst du den Weg zur Sonnenenergie immer wieder finden.

Bild 2: a) von vorne   b) von der Seite

Übung: Energiekanal bilden
Stell dich wie oben beschrieben hin. Strecke die Arme nach oben aus. Nimm durch die Hände und/oder durch den Kopf Verbindung mit der Sonnenenergie auf. Öffne dich ganz. Lasse die Energie durch dich hindurchfließen. Bist du ganz offen, so stehst du in der energetischen Verbindung zwischen Himmel und Erde, du wirst zum Kanal. Die Energieströme reinigen dich. Achte darauf, daß du keine Energie festhältst. Festsitzende Energie wirkt sich allemal schädlich aus.

Mit der Zeit wirst du durch die Arbeit mit der Polarity in immer weitere Polaritäten kommen und sie in dir vereinigen. Die Erfahrung der Polaritäten hat letztendlich die Erfahrung der Einheit zur Folge. Die Polaritäten haben dann aufgehört, eine Bedeutung zu haben.

Polaritätsmassage in dieser umfassenden Form bietet dir die Möglichkeit, dich deiner Blockaden zu entledigen und immer weiter zu dir selbst zu kommen.

Die Einheit aller Pole ist der Nullpunkt.

Es ist das Alles und das Nichts.

Bild 3: Yin und Yang

Polarityarbeit

Kleidung

Du solltest während der Massage nur angenehme, weite Kleidung aus Naturfaserstoffen tragen. Naturfasern lassen die natürlichen Körperenergien besser fließen. Chemiefasern hemmen die Energie. Außerdem führt das Tragen von Chemiefasern zu Energiestaus auf der Haut und es kann das Gefühl des "Sich-nicht-Wohlfühlens in seiner eigenen Haut" aufkommen. Eng an den Körper anliegende Kleidung wirkt sich ebenfalls hemmend aus. BH, Uhr, Gürtel sollten während der Arbeit nicht getragen werden. Schwierig ist die Arbeit auch bei Hungergefühlen oder Übersättigung. Es sollte hier zuerst ein Ausgleich geschaffen werden, bevor du und dein Partner mit der Massage beginnen.

Äußere Haltung

Deine äußere Haltung beeinflußt deinen Energiefluß ganz erheblich. Verkrampfst du dich, schaffst du akute Energieblockaden. Lasse vor der Arbeit die Aufmerksamkeit durch deinen Körper wandern, achte jetzt besonders auf Verspannungen und lockere sie. Nimm auch während der Massage eine lockere und entspannte Haltung ein.

Das Gegenteil von Verspannung ist die Laxheit, ein sich unbewußtes Gehenlassen. Du befindest dich dann halb im Schlaf. Mache dich wach! Sei aufmerksam!

Im Zustand des Halbschlafs fließt die Energie langsam. Zu langsam, um mit der Polaritätsmassage arbeiten zu können.

Innere Haltung

Die Lebensenergie läßt sich nicht manipulieren. Sie hat ihren eigenen Weg, der oft nicht mit deinen Vorstellungen übereinstimmt. Mische dich nicht ein. Lasse die Lebensenergie ihre eigene Bahn ziehen. Sie ist intelligenter als dein Verstand. Wenn du dich auf sie einläßt, wirst du hinterher immer feststellen, daß sie den besten Weg gewählt hat.

Lasse dich von ihr leiten. Mit der Zeit wirst du immer empfänglicher für ihr Wollen und du wirst feststellen, daß es dir, deinem Partner und deinem Leben sehr gut bekommt.

Übung:
Gut geerdete Menschen kann so schnell nichts umwerfen. Ich habe gefunden, daß sie handlungsfähiger, reaktions- und aktionsbereiter sind. Eine gute Erdung bildet deshalb auch die Grundlage für die eigene Polarityarbeit.

Stelle dich auf deine Füße. Verbinde dich durch deine Wurzeln mit der Erde. (Diese Übung ist oben genau beschrieben.) Die Erdung kannst du immer vollziehen, wenn du Muße und Lust dazu hast. Mit der Zeit gibt sie dir eine immer größere Festigkeit und Beständigkeit.

Übung: Haraatmung
Stelle dich auf deine Füße. Lege die Hände auf dein Hara. Beim Einatmen leite die Atemluft zu diesem Chakra. Dann, nach 5 bis 10 Atemzügen, lasse die Hände fallen und fahre mit der Übung fort:

Einatmen zum Hara und dann vom Harapunkt durch die Beine in die Erde ausatmen – 10 bis 20 mal.

Einatmen zum Hara und dann vom Harapunkt durch die Arme ausatmen – ebenfalls 10 bis 20 mal.

Einatmen zum Hara und durch Arme und Beine gleichzeitig ausatmen – etwa 5 mal.

Fühle nach, was geschehen ist.

Eine weitere Übung dient der energetischen Reinigung vor der Polarityarbeit.

Übung: Festgehaltene Energie loslassen.
Stelle dich hin und nimm deinen gesamten Körper wahr. Öffne dich für deinen Körper, beobachte ruhig und gelassen.
Lasse dann alle *überflüssige* Energie in die Erde ab; du brauchst sie nur loszulassen, alles andere geschieht wie von selbst.
Nimm dir für diese Übung Zeit.
Es kann sinnvoll sein, zunächst nur die *um* deinen Körper befindliche überflüssige Energie abzulassen und danach erst die innere überflüssige Energie. Suche dir *deinen* angemessenen Weg heraus.

Diese letzten drei Übungsvorschläge sind als Vorbereitungen auf die Polarityarbeit gedacht. Die letzte Übung z.B. eignet sich aber auch, um Zorn, Kopfschmerz, Unruhe, Desinteresse, Anspannung usw. loszuwerden. Sie dient auch dazu, dich auf die spezielle Energie, die eine neue Lebenssituation von dir fordert, einzustimmen.
Nach meiner Erfahrung ist es enorm wichtig, in einem ausgeglichenen Zustand an die Polarityarbeit zu gehen. Die Wahrnehmung ist klarer und direkter. Die Bewegungen sind sicherer, die Energie kann bedeutend besser fließen.

Das Erkennen von Energieblockaden

Nicht jeder kann auf Anhieb die Energieverteilung bei seinem Partner erkennen. Es bedarf manchmal der intensiven Übung.
Eine ausgezeichnete Möglichkeit, mit bloßem Auge die Unter- oder Überladungen zu erkennen, bietet der bioenergetische Bogen und der "Elefant".

Der Bogen:
Stelle dich hin, die Füße etwa 30 cm auseinander. Die Zehen sind etwas nach innen gekehrt. Beuge leicht die Knie und bringe den Bauch und das Becken nach vorne, so daß der Körper einen Bogen bildet. Schultern und Hacken sollten dabei in einer senkrechten Linie sein. Entspanne den Kopf und achte darauf, daß das Kinn in etwa parallel mit dem Erdboden ist. Strecke die Arme und Hände soweit wie möglich nach oben. Achte darauf, daß du mit dem gesamten Fuß auf dem Boden bleibst.

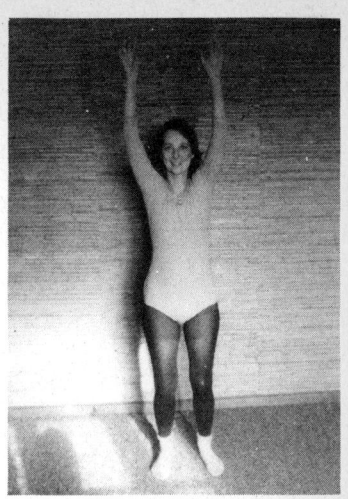

Bild 4: Bogen

Probiere die Haltung zunächst selbst aus, damit du ein Gefühl dafür entwickelst.

Lasse deinen Partner diese Haltung einnehmen. Beobachte genau!

Sind die Hände zu Fäusten geballt oder verkrampft gegen den Himmel gestreckt?

Sind die Arme verdreht?

Neigt sich der Kopf zu einer Seite?

Sind die Schultern angespannt?

Atmet der Partner tief oder flach?

Steht er schief?

Ist das Becken eingezogen oder schiefstehend?

Sind die Beine gleichmäßig belastet?

Sind die Füße in ihrer Gesamtheit auf dem Boden?

Ist die linke Körperhälfte anders als die rechte?

Diese Fragen sollen Anhaltspunkte für deine Beobachtungen sein. Du wirst sehen, daß jeder Mensch diesen Bogen anders einnimmt und anders dabei empfindet.

Frage deinen Partner nach seinem Körpergefühl!

Sind ihm alle seine Körperteile bewußt? Drängt sich ein Körperteil in seinem Bewußtsein in den Vordergrund? Hat er guten Bodenkontakt? Spürt er Spannungen in seinem Körper, z.B. an Stirn, Au-

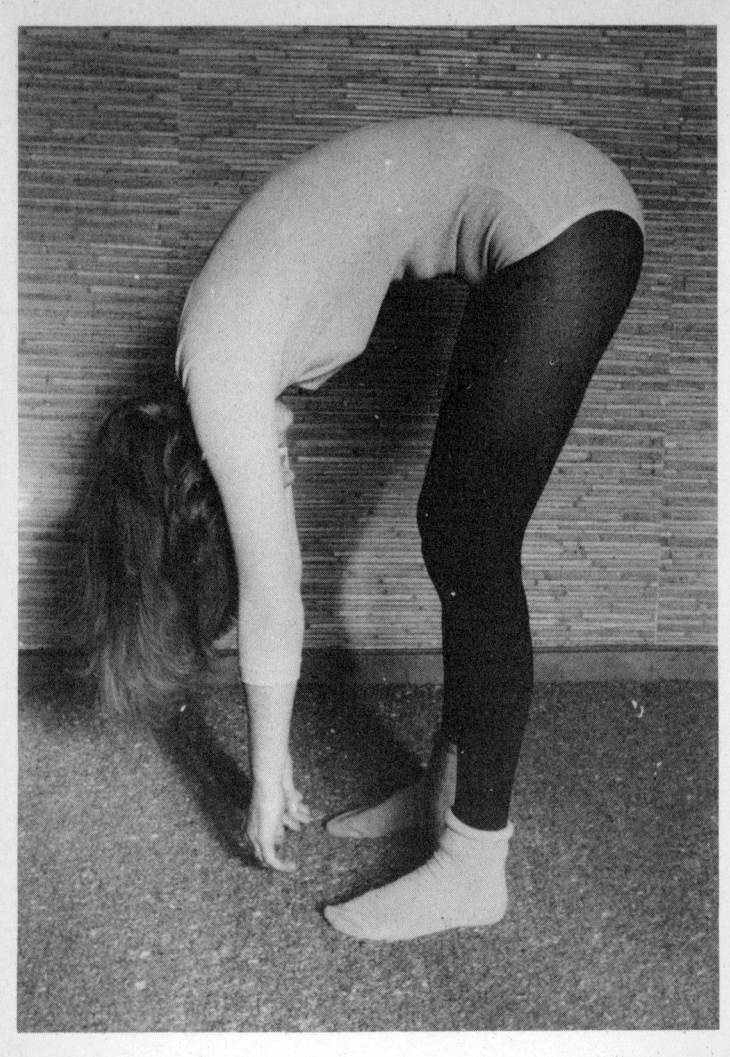

Bild 5: Elefant

gen, Brust, Becken, Bauch, Rücken, Beine, Füße, Zehen?
Gehe mit deinem Partner den ganzen Körper durch, indem er sich auf die einzelnen Körperteile konzentriert und seine Empfindungen und Beobachtungen mitteilt.
Dieses Wahrnehmungstraining erhöht das Körperbewußtsein.
Schließe die Augen und lasse den Körper deines Partners auf dich wirken.
Was erkennst du noch? Hat er in dem Bild, das vor dir jetzt auftaucht, Beine? Wie sehen sie aus? Hat er Arme? Ist der Brustbereich zu groß, zu klein? Ist die Beckenpartie ausreichend ausgebildet? Wie fließt die Energie in seinem Körper? Siehst du in oder um seinem Körper dunkle Flecken? Ist helle Energie von dunkler eingefangen? Erkennst du einen stetigen Fluß heller Energie in seinem Körper? Nimm vorurteilsfrei diese Erscheinungen wahr und lasse sie auf dich wirken.
Nach dem Bogen sollte dein Partner *langsam* und *bewußt* in die Elefantenhaltung gehen: Er rollt Wirbel für Wirbel nach vorne ab, bis die Fingerspitzen leicht den Boden berühren. Die Knie bleiben etwas gebeugt. Das Steißbein sollte so hoch wie möglich kommen, bis sich leichte Vibrationen in den Oberschenkeln und im Becken einstellen, auf jeden Fall sollten die Hacken Kontakt mit dem Boden haben.
Bei diesem Vorgang kannst du zusätzliche Beobachtungen machen. Wie wirkt sein Rücken? Zu starr, zu weich? Geht die Bewegung nach links oder rechts? Hat er Schwierigkeiten mit der Kopfhaltung? Bleiben die Knie leicht gebeugt? Wie ist die Atmung? Ist der Nacken angespannt? Wie ist die Bauchmuskulatur, die Stirn?
Befrage den Partner nach seinem Befinden vor, während und nach der Übung. Diese Aussagen geben weitere Aufschlüsse über den gesamten Energiezustand und die speziellen Blockaden im Körper. Wenn du und dein Partner es wollen, wiederholt diese Übung.

Übung:
Bogen und "Elefant" lassen nicht nur Rückschlüsse über die Blockierungen zu, sondern sie intensivieren auch den Fluß der gesamten Lebensenergie.
Jetzt kannst du dir wahrscheinlich das Körperenergiebild deines Partners besser vergegenwärtigen. Mache nochmals die Übung zum Erkennen des Energieflusses.

Das Polarisieren der einzelnen Körperteile

Die folgenden Beschreibungen von Massagegriffen sind **der Übersichtlichkeit wegen,** dem Körper von unten nach oben folgend, gegliedert.

Es mag sein, daß bei deinem Partner zuerst die Energie im Rücken polarisiert werden muß, dann in den Beinen und dann im Kopf. Es gibt hier kein festgefügtes Abfolgesystem, sondern das Vorgehen muß auf die augenblickliche Situation und den Zustand des Partners zugeschnitten sein. Der beste Ratgeber ist die Lebensenergie. Sie leitet dich, die richtigen Übungen in der rechten Reihenfolge auszuführen.

Hält der Partner z.B. seine unausgeglichene Energie im Kopfbereich fest, so ist natürlich an dieser Stelle des Körpers zu beginnen.

Feste Regeln gibt es nicht. Jeder Mensch und jede Situation ist neu und anders. Stelle dich darauf ein und fließe mit.

Durch Übung kommt Erfahrung.
Durch Erfahrung kommt Wissen.
Nach dem Wissen kommt die Intuition.
Nach der Intuition kommt das direkte Handeln.

Die Füße

Da die Füße von den wenigsten Menschen beachtet werden, wirst du feststellen, daß sich in diesen Körperteilen oft sehr wenig Energie befindet. Deswegen bekommen auch so viele Menschen oft "kalte Füße".

In energetisch ausgeglichenen Füßen können auch die Fußchakras sinnvoll arbeiten. Die Fußchakras regulieren die Entladung und Aufladung mit Erdenergie. Sie regulieren damit auch die Ladung der übrigen Chakras.

Ausgeglichen fließende Energie in den Füßen ist die Grundlage für das Wohlbefinden im gesamten Körper.

Folgende Abbildungen zeigen, wie der Fuß polarisiert werden kann.

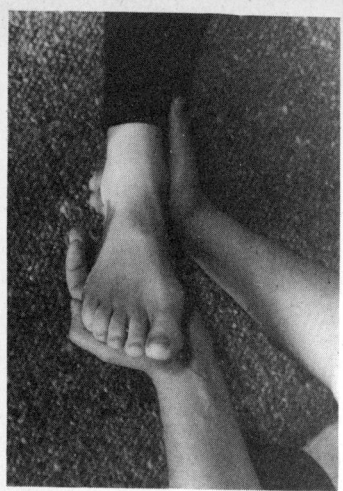

Bild 6: Rechte Hand in die Fessel, linke unter der Fußsohle.

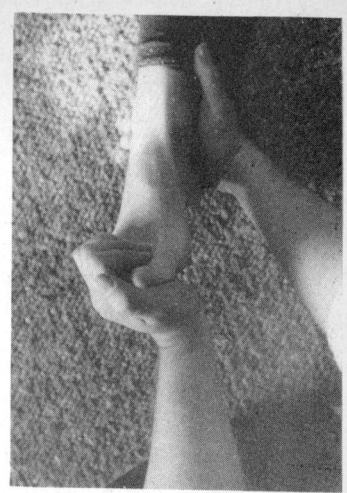

Bild 7: Rechte Hand in der Fessel, linke Hand um die Zehen.

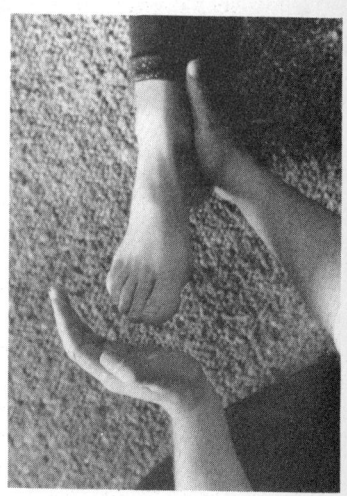

Bild 8: Rechte Hand in der Fessel, linke Hand über den Zehen.

Nimm einen Fuß, wie auf Bild 6 dargestellt, in deine Hände.

Betrachte diesen Fuß, erspüre ihn. Vergegenwärtige dir den Aufbau des Fußes: die Knochen, die Gelenke, die Muskeln, die Adern, die Haut...

Wie fühlt sich der Fuß an? Ist er fest, hart, wirkt er ungebraucht oder überlastet?

Erspüre die Temperatur. Wie ist sie insgesamt? Gibt es im Fuß verschiedene Wärmebereiche?

Lasse alle Eindrücke auf dich wirken.

Konzentriere dich nun auf das Energiebild. Entspanne dich. Geh mit deiner Aufmerksamkeit *in* den Fuß deines Partners. Lasse vor deinem inneren Auge das Energiebild des Fußes entstehen. Wo erscheint keine Energie? Wo ist sie schwarz oder grau, wo flackert es? Ist die Energie frisch und fließend?

Läuft sie quer zum Fuß?

Nimm deine Wahrnehmungen ohne Bewertung auf!

Lasse nun deine Aufmerksamkeit in die Hände und in den Energiefluß zwischen ihnen gehen. Atme ruhig, kräftig und gelassen. Öffne die Arme und Hände für den Fluß der Lebensenergie. Konzentriere dich auf deine Hände. Halte die Augen ohne Anstrengung geschlossen. Folge mit deinem inneren Auge dem Lauf der Lebensenergie.

Betrachte, aber bewerte nicht.

Beobachte, ob und wie die Energiestruktur des Fußes durch den Strom der Lebensenergie sich zu ändern beginnt.

Sei aufmerksam!

DIESE WAHRNEHMUNGEN SOLLTEST DU BEI JEDEM NEUEN MASSAGEGRIFF MACHEN!

Sie helfen dir, Polarity angemessen zu hand-haben.

Mit der Zeit werden sich diese feineren Wahrnehmungen von selbst einstellen. Übe immer weiter.

Dein Partner hat während der Polarityarbeit unterschiedliche Empfindungen. Sie können von leichten Zuckungen über Wohlbefinden bis zur Empfindungstaubheit reichen. Frage ihn danach.

Ist die festgehaltene Energie im Fuß stark blockiert, wird nur eine geringe oder keine Veränderung zu spüren sein. Wenn die Energie beweglich und schon vor der Polarisierung hell ist, wird schnell die Veränderung für dich sichtbar und für deinen Partner spürbar werden.

Es ist äußerst schwierig, eine über Jahre hinweg verhärtete Energiestruktur mit einem Mal zum Fließen zu bringen. Das Loslassen der festen Strukturen braucht Geduld. Dein Partner muß Zeit haben, sich auf den freien Energiefluß einzulassen.

Während des Polarisierungsvorganges ist es wichtig, immer wieder eine Pause von mehreren Minuten zu machen. Die Bahnen für die fließende Energie öffnen sich langsam. Außerdem muß die festgehaltene Energie erst abfließen.

Höre auf deine innere Stimme, wann und wie lange du die Pausen machen solltest. Intuitiv weißt du es genau, wenn du wachsam bist und bleibst.

Du solltest spätestens dann aufhören, wenn die Lebensenergie nicht mehr zwischen deinen Händen hin und her fließt.

Füße und Unterschenkel

Dieser Polaritätsgriff soll die energetische Verbindung zwischen Fuß und restlichem Körper herstellen. Oberhalb der Fessel ist bei vielen Menschen ein Energieblock, der den Fuß abtrennt.

Die Haltung der linken Hand kann, wie auf Bild 7 und 8 gezeigt, verändert werden.

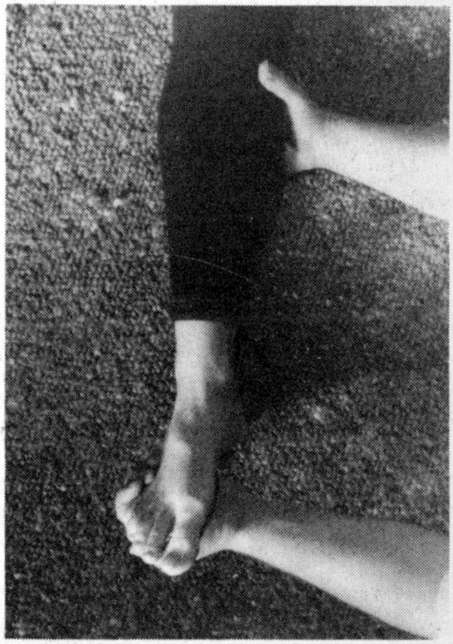

Bild 9: Linke Hand an der Fußsohle, rechte Hand am oberen Drittel des Unterschenkels

Das Knie

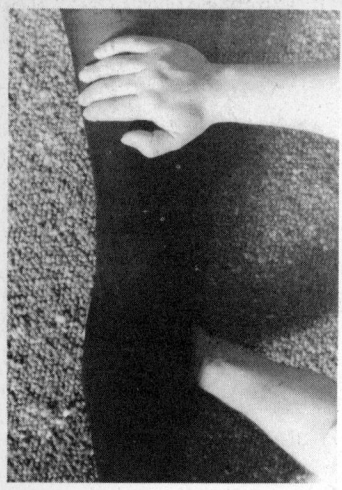 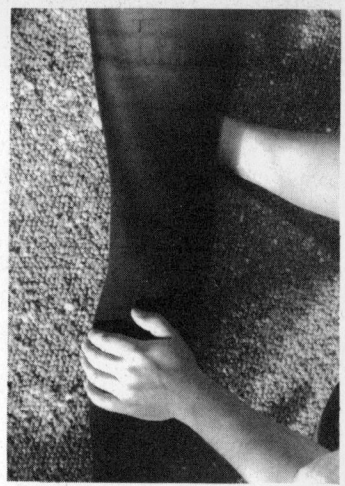

Bild 10: Linke Hand am Unterschenkel hinten, rechte Hand auf dem Oberschenkel vorn.

Bild 11: Linke Hand auf dem Schienbein, rechte Hand unter dem Oberschenkel hinten.

Viele Energiestaus befinden sich im Bereich der Gelenke, wodurch diese im psychischen und manchmal im rein körperlichen Sinne bewegungslos werden. Wenn du gestaute Bereiche polarisierst, achte darauf, daß du nach der Massage deinen Partner immer nach unten, zu den Füßen hin, abstreichst. Die durch die Polarisierung gelöste Energie kann dann besser abfließen.

Setze beim Abstreichen des Beins etwa in der Mitte des Oberschenkels an und streiche langsam ohne Druck nach unten. Sollten sich die Hände nach dem Abstreichen dick anfühlen oder ist ein Kribbeln in ihnen, dann hast du einen Teil der gestauten Energie aufgenommen.

Schüttele die Energie aus den Händen hinaus, so, als ob du Wassertropfen abschüttelst. Sollte das nicht ausreichen, halte die Hände unter kaltes Wasser und lasse die Energie hinwegspülen.

Mit fremder Energie an den Händen läßt sich kaum arbeiten.

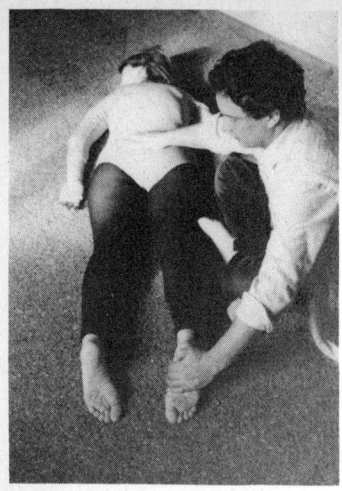 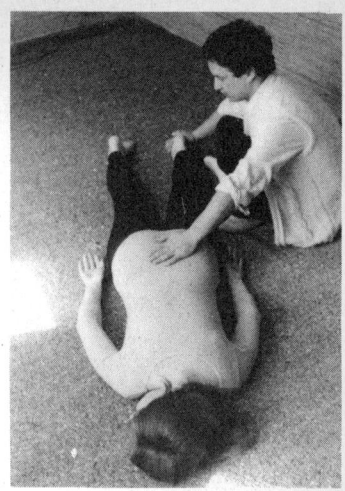

Bild 12: Partner auf dem Bauch liegend, linke Hand am rechten Fuß, rechte Hand am Wirbelsäulenansatz am Becken.

Bild 13: Rechte Hand am linken Fuß, linke Hand am Wirbelsäulenansatz am Becken.

Außerdem kann sich diese dunkle Energie in deinem Körper ausbreiten und festsetzen.

Nach Polaritätssitzungen kontrolliere die Luft des Zimmers, in dem du gearbeitet hast. Oft hängt noch soviel losgelassene Energie im Raum, daß es dringend nötig ist, gut durchzulüften.

Bei dieser Polarisierung werden die unteren Extremitäten mit dem Körper energetisch verbunden.

In den Hüftgelenken befindet sich oft ein Energiestau und die Beine sind vom Rumpf "abgeschnitten".

Die Übung "Hüftschwung" (s.S. 3o) bringt eine Lockerung der Energie in diesem Körperbereich. Die auf den Bildern 10 - 13 gezeigten Polaritätsgriffe ergänzen einander sehr gut.

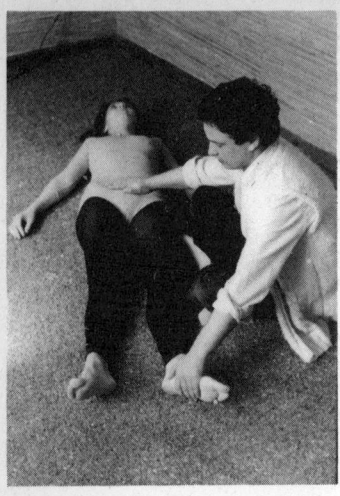

Bild 14: Rechte Hand über dem Schambein, linke Hand hält den rechten Fuß des Partners.

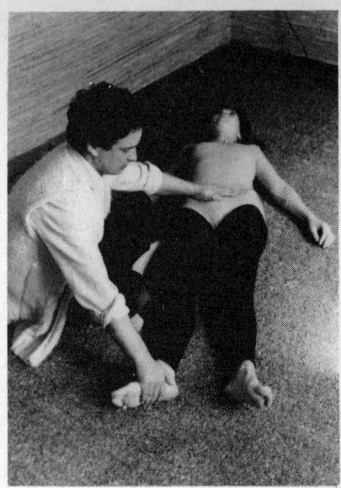

Bild 15: Linke Hand über dem Schambein, rechte Hand hält den rechten Fuß des Partners.

Der Beinkreis

Durch diesen Politarygriff wird die Energie in beiden Beinen gleichzeitig harmonisiert. Die Lebensenergie der Beine wird im Becken verbunden und dient damit der Koordination beim Gehen, sie stabilisiert beide Beine und verstärkt den Energiefluß zwischen Becken und Beinen.

Dieser Griff kann nach der Polarisierung der einzelnen Beine zum Gesamtausgleich genutzt werden.

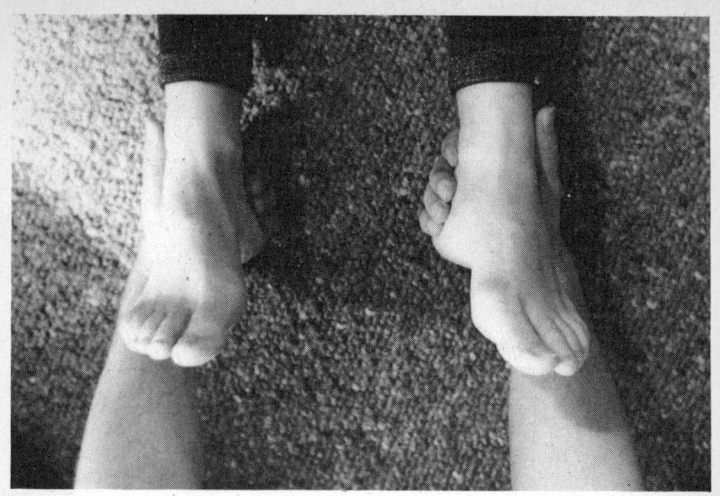

Bild 16: Partner in der Rückenlage, rechte Hand an der linken Ferse, Ferse wird leicht angehoben. Linke Hand an der rechten Ferse, ebenfalls leicht angehoben.

Das Becken

Das Becken ist der Bereich, in dem die von unten durch die Beine aufsteigende Erdenergie mit der von oben kommenden Sonnenenergie zusammentrifft und sich vereinigt.

Vom Becken aus verbreitet sich diese gemischte Energie im ganzen Körper. Männliche und weibliche Kräfte verbinden sich und schaffen durch ihre Vereinigung Leben. Das Becken ist nicht nur biologisch gesehen der Dreh- und Angelpunkt, sondern auch das Zentrum, in dem sich unsere Energiebahnen kreuzen.

Außerdem befindet sich in seinem hinteren, unteren Teil der Quellpunkt der Lebensenergie, die im Rücken entlang der Wirbelsäule hinauffließt. Aus dem Becken kommt unsere Vitalkraft. Kann sie nicht frei fließen, so schöpfen wir nicht unser gesamtes Potential zu unserer Selbstverwirklichung aus. Mein Eindruck ist, daß die allermeisten Menschen nur etwa 2 % ihrer gesamten Kraft ausschöpfen! Nur sehr wenige finden zu einer höheren Vitalität.

Frei fließende Beckenenergie bringt eine erfülltere Sexualität mit sich. Die Polarität zum anderen Geschlecht wird voll entfaltet. Das Leben in seiner Gesamtheit ist reicher und erfüllter.

Übung: Hüftschwung
Gehe zunächst in deiner gewohnten Art. Beobachte, wie du dein Becken hältst. Lasse dann dein Becken leicht hin- und herschwingen. Bleibe insgesamt locker dabei. Lasse das Schwingen stärker werden. Du wirst wahrscheinlich feststellen, daß es entweder nach links oder nach rechts weiter ausschwingen kann. Der behinderte Ausschwung deutet auf eine Blockierung hin. Lege dich nach der Übung auf den Boden und spüre dein Becken.

Übung: Becken nach vorn und hinten schwingen.
Stelle dich hin und lasse dein Becken nach vorne und dann nach hinten schwingen. Nimm weder die Knie noch die Bauchmuskulatur zu Hilfe! Bewege nur dein Becken. Beobachte deine Gefühle.

Spüre auch nach dieser Übung in dein Becken hinein.

Übung: Verbindung von Erd- und Sonnenenergie im Becken.
Stelle dich hin, öffne deine Füße und deine Beine. Lasse die Erdenergie durch diese Kanäle in dein Becken fließen. Öffne deinen Kopf, deinen Rumpf und lasse die Sonnenenergie in dein Becken strömen. Dort verbinden sich die Energien miteinander. Lasse diese Verbindung in den ganzen Körper ausstrahlen.

Diese Übung macht ausgeglichener und leitet die Aufmerksamkeit auf das Becken.

Die dort festgehaltenen Energien werden langsam gelöst, und der Übende kommt in bessere Verbindung mit Erde und Sonne, unseren Lebensspendern und Erhaltern.

Wenn es dir nötig erscheint, lasse die Erd-Sonnenenergie durch die Beine wieder abfließen. Versuche genau zu erspüren, was deiner Entwicklung nutzt.

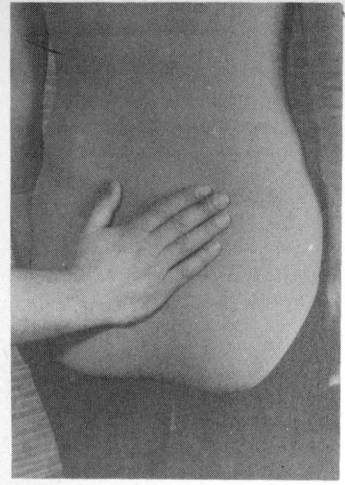

Bild 17: Rechte Hand auf hinterer Beckenwand.

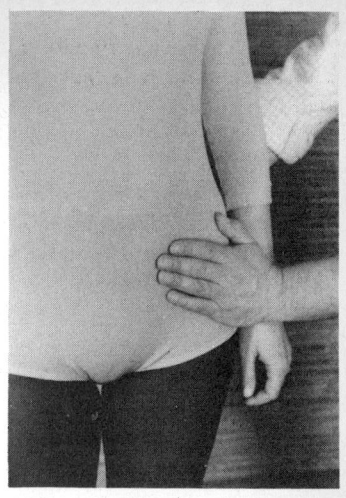

Bild 18: Linke Hand auf linker Seite in der Beckenschale.

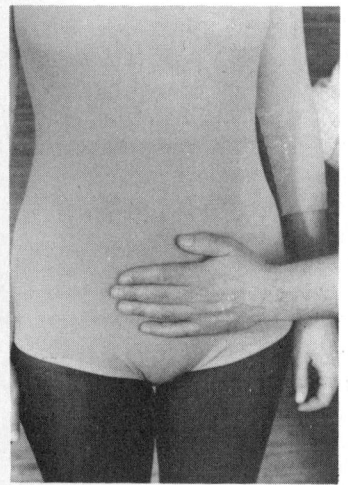

Bild 19: Linke Hand liegt über dem Schambein.

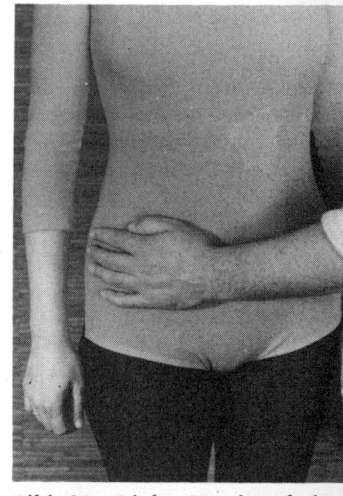

Bild 20: Linke Hand auf der rechten Seite in der Beckenschale.

Die meisten Becken, die ich bisher polarisiert habe, waren dunkel von festgehaltener Energie.

In der Mitte des Unterleibs hat sich ein Übermaß an Energie gestaut, die eine sehr große Angst, oft sogar Todesangst, zur Folge hat. In der linken Seite sitzt die Energie, die einen Menschen weinerlich zurückgezogen macht. In der rechten Seite diejenige, die brutal macht und, wenn sie im täglichen Leben losgelassen wird, einen Menschen zum Berserker werden läßt.

Diese Energien sind oft so fest wie Granit; es dauert im allgemeinen sehr lange, bis sie sich lösen und abfließen.

Ist eine Klärung über den Verstand schwierig oder gar zur Zeit unmöglich, solltest du mit der Polarity-Wortmeditation arbeiten, die einen Bewußtwerdungsprozeß fördert. Diese Technik ist auf Seite 107 beschrieben.

Die Polaritätsenergiearbeit ist kein Zaubermittel zur Persönlichkeitsentwicklung. Ein langsamer Entwicklungsprozeß muß stattfinden, für den die innere Mitarbeit Voraussetzung ist. Es ist unmöglich, festgehaltene Energie zum Fließen zu bringen, wenn der Partner es nicht zuläßt. Oberflächlich betrachtet sieht es so aus, als ob der Partner der passiv-empfangende ist, in Wirklichkeit muß er sich auf Veränderungen aktiv einstellen und "ja" dazu sagen.

Diese positive Einstellung zur Veränderung und Weiterentwicklung erwähne ich insbesondere im Zusammenhang der Beckenarbeit, weil hier Blockaden festsitzen, bei denen es manchen schwerfällt, sie loszulassen.

Verändert sich im Becken über längere Zeit die Energie nicht, d.h. kommt sie kaum oder gar nicht zum Fließen, so kann es an der inneren Mitarbeit deines Partners liegen. Sprich mit ihm darüber. Achte bei der Beckenarbeit auch darauf, daß dein Partner gut geerdet ist. Wenn er schlechte Verbindung zur Erde hat, wird die festgehaltene Energie sich kaum lösen und abfließen können.

Bevor ihr ergebnislos weiterarbeitet und mit der Zeit die Lust an der stagnierenden Arbeit verliert, sollten diese Fragen geklärt werden. Ist auch dies nicht möglich, so mag es besser sein, eine Pause über längere Zeit einzulegen.

Wie auf nebenstehendem Bild gezeigt, wird der Energiefluß zwischen Becken und Füßen hergestellt und verstärkt. Ein Ablassen der Energie wird erleichtert, weil sich die Beine öffnen können.

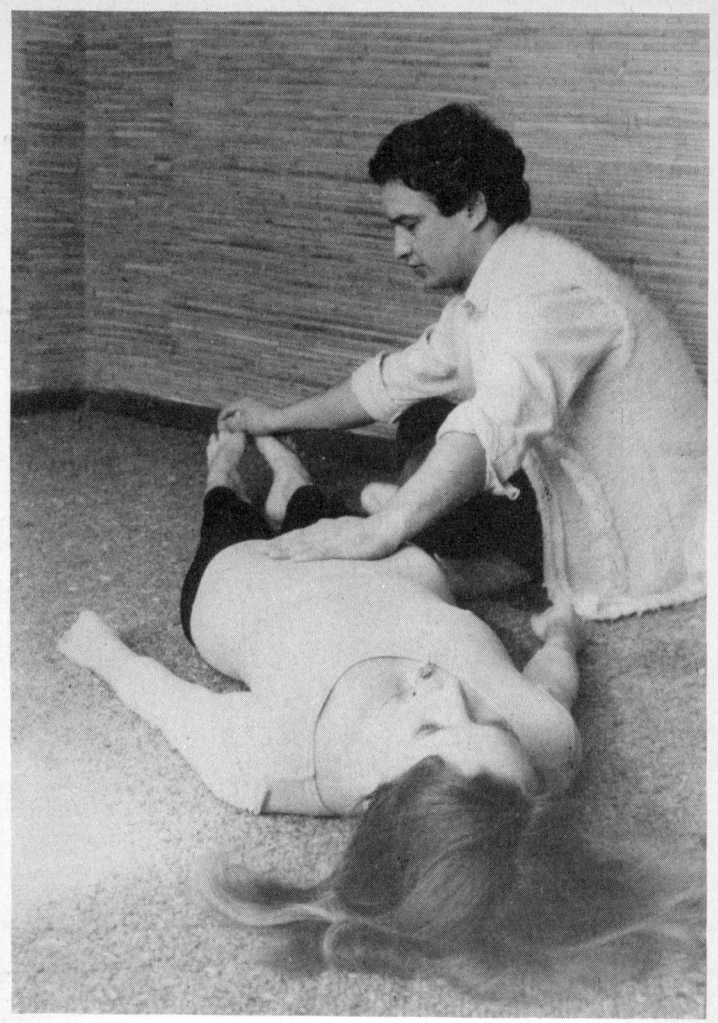

Bild 21: Linke Hand auf dem Becken über dem Schambein, rechte Hand faßt die Zehen an beiden Füßen.

Übung: Verbindung der Oberschenkel mit dem Becken.
Dein Partner liegt auf dem Rücken. Du befindest dich links neben ihm und legst deine linke Hand auf seinen rechten Oberschenkel. Die rechte Hand legst du auf seine linke Beckenschale. Dann gehst du um seine Füße herum und legst deine rechte Hand auf seinen linken Oberschenkel und deine linke Hand auf seine rechte Beckenschale.

Achte bei diesem Griff, wie bei allen anderen auch, auf den Energiefluß, der ausgelöst wird. Bleibe wach, erkenne, wann Pausen angebracht sind oder die Polarisierung durch diesen Griff beendet werden muß. Es wird manchmal so sein, daß die gleichen Griffe auf der jeweils anderen Körperseite verschieden lang ausgeführt werden müssen.

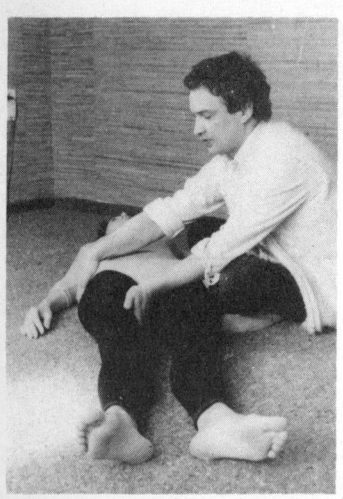 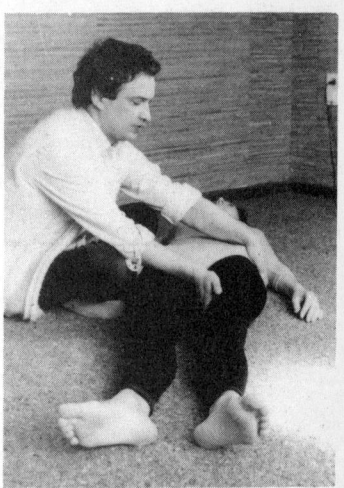

Bild 22: Rechte Hand von außen auf die rechte Beckenschale, linke Hand an der Innenseite des rechten Oberschenkels.

Bild 23: Linke Hand von außen auf die linke Beckenschale, rechte Hand an der Innenseite des linken Oberschenkels.

Durch diese Polaritätsgriffe kann die festgehaltene Energie am Beinansatz und im Bereich der Genitalien aufgelockert und gelöst werden.

Ein Ring aus festgehaltener Energie befindet sich oft um die Genitalien. Sie werden dadurch vom Körper energetisch abgeschnitten und damit wird ein volles Sexualempfinden verhindert.

Der dann in Gang gekommene Energiefluß läuft an der Innenseite der Beine weiter zu den Füßen und strömt dort hinaus. Damit hat sich eine weitere Bahn zum Abfließen der festen Energie im Becken geöffnet und die Beine sind entspannter. Eine andere Möglichkeit, die Lebensenergie durch den unteren Beckenbereich zu leiten, ist folgende:

Lege deine linke Hand auf das Becken deines Partners kurz über dem Schambein. Die rechte Hand legst du abwechselnd auf die Innenseiten der Oberschenkel.

Das Becken ist bei vielen Menschen vom Rumpf energetisch abgetrennt. Ein Energiegürtel oder eine Energieplatte befindet sich dann im oberen Bereich des Beckens etwa in der Höhe des Hosengürtels. Die im Becken befindliche sexuelle Energie dringt nicht ins Bewußtsein und ist, da sie nur eingeschränkt oder überhaupt nicht wahrgenommen wird, nicht verfügbar – und damit freilich auch nicht bedrohlich. Denn wir müssen uns klarmachen, daß unsere Kultur sexualfeindlich ist. Das macht sich in unserem Körper durch die Abtötung oder durch das in Schach halten der sexuellen Beckenenergie bemerkbar.

Der gesamte Körper wird hier in der Gürtelregion nach oben und unten verteilt in eine aktive und in eine passive Kraft. Menschen, die ihr Leben lang sich selbst immer wieder behaupten mußten, oder meinten, es tun zu müssen, haben einen übertrieben ausgeprägten oberen Körperbereich. Diese Menschen fühlen sich wohl in Aktivitäten; sie sind auch mehr nach außen orientiert. Aus der ganzheitlichen Sicht betrachtet, fehlt ihnen eine gewisse Passivität, ein "Sich-gehen-lassen-können". Das empfangende Genießen kommt bei ihnen zu kurz. Eine Tendenz dieser Prägung haben vor allem Männer.

Ist der Bereich unterhalb der Gürtellinie stark betont, so ist der betreffende Mensch eher bewahrend-passiv orientiert. Er ist bodenständiger und wirkt deswegen oft unbeweglich. Er zieht sich gerne ins Häuslich-Gemütliche zurück, ist eher nach innen gekehrt.

Diese einseitigen Energieverteilungen prägen das Körperbild und das Erlebens-, Handlungs- und Orientierungsmuster. Die Grundtendenz der Erziehung spiegelt sich somit ebenfalls in der jeweiligen Überbetonung der oberen oder unteren Körperhälfte. Der Mensch wurde zum aktiveren oder passiveren Dasein erzogen.

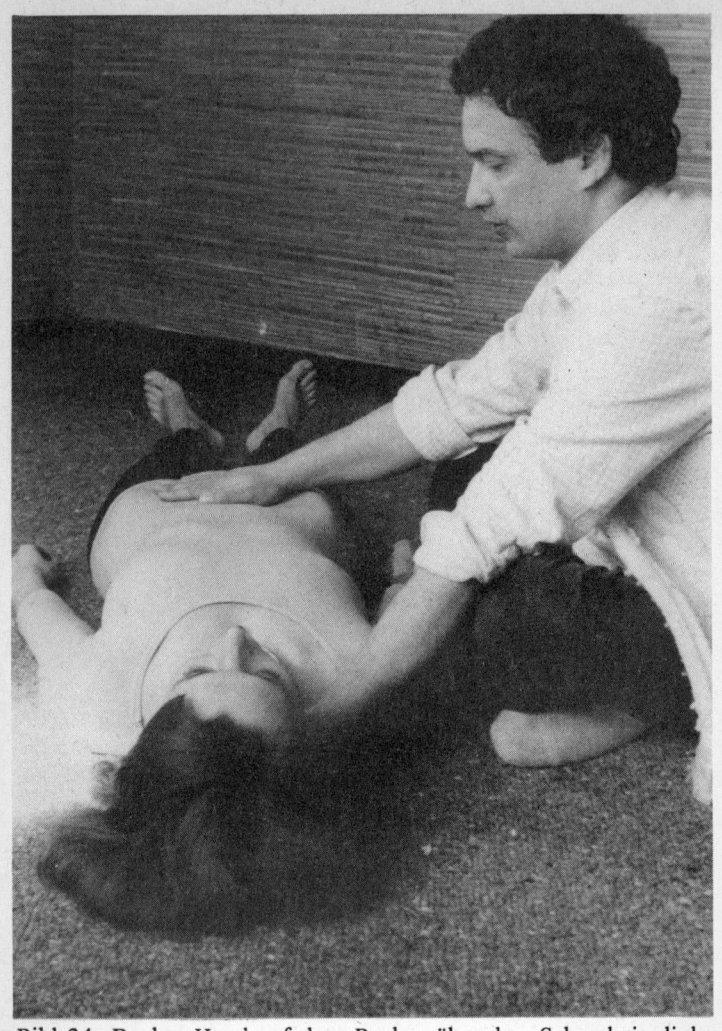

Bild 24: Rechte Hand auf dem Becken über dem Schambein, linke Hand im Nacken.

Wird die Körperenergie über die "Gürtelgrenze" nach oben oder nach unten weiter ausgebreitet und besser verteilt, so erfährt der Mensch eine Bereicherung seines Daseins. Der überwiegend aktiv Ausgerichtete gewinnt mehr Ruhe und Gelassenheit hinzu; der passiv Orientierte erwirbt mehr Entschlußkraft und Tatenfreude.

Die bessere Energieverteilung nach unten wird auf Bild 25 dargestellt.

Eine Möglichkeit, die festsitzende Energie unterhalb der Gürtellinie zu lösen und nach oben zu verteilen ist folgende: Du legst die rechte Hand auf das Becken über dem Schambein und die linke in den Nacken (Bild 24).

Als Variation dieses Griffes kannst du bei deinem Partner die linke Hand auf den oberen Brustbereich legen.

Finde heraus, welche Variation für dich und deinen Partner angemessen ist. Es kann sein, daß die Energie besser fließt, wenn du deinen Daumen über den Bauchnabel hältst. Diese Polarisierung bringt mehr Ausgeglichenheit in die unteren Körperregionen.

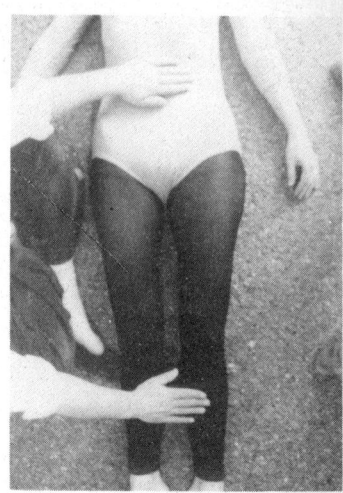

Bild 25: Linke Hand kurz über dem Bauchnabel, rechte Hand über die Mitte der Unterschenkels.

Eine größere Ausgeglichenheit in der oberen Region kannst du mit folgender Polarisation (Bild 26) erreichen.

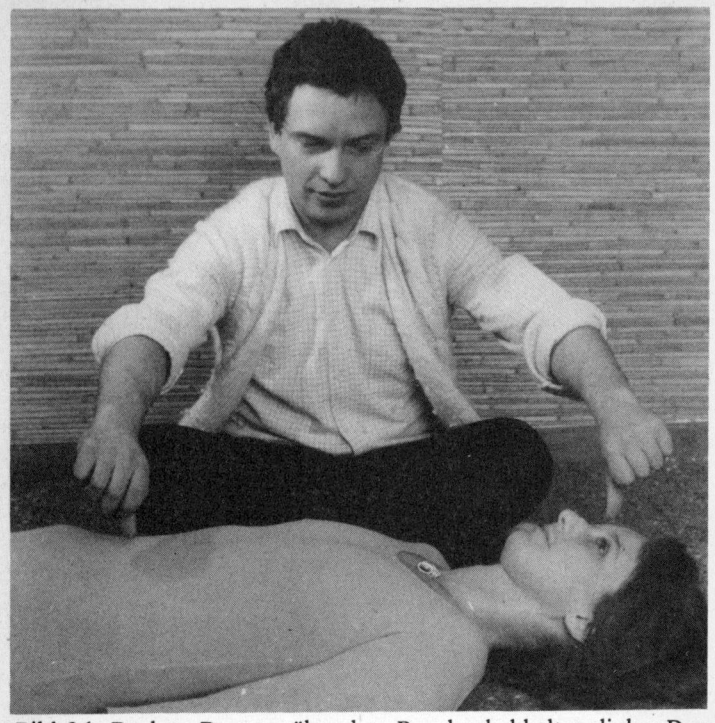

Bild 26: Rechter Daumen über dem Bauchnabel halten, linker Daumen über der Nasenwurzel halten.

Diese beiden Polaritätsgriffe sind vor allem geeignet, mit der Zeit eine bessere Verteilung der Körperenergie nach oben und unten zu bewirken. Die Blockade in der Gürtelregion wird zunächst durchlässiger und löst sich bei fortschreitender Bewußtheit ganz auf.

Bei der Körperenergiearbeit mit dem Becken und der Oben-unten-Verteilung der Energie wird dreierlei deutlich:
1. Eine spezielle Energiestruktur hat spezifische Erlebens- und Handlungsweisen zur Folge.

2. Jede Veränderung in der Körperenergiestruktur in einem Bereich zieht Strukturveränderungen in anderen Bereichen nach sich.
3. Die Entwicklung verläuft in einem Prozeß.

Jeder Mensch weist eine einmalige Verteilung von festgehaltener und fließender Lebensenergie auf. Diese ihm eigene Verteilung läßt ihn sich und seine Umwelt auf eine bestimmte Art erleben. Die Grundmuster der Energieverteilung sind in den frühen Lebensjahren entstanden und festgefügt worden.

Alle diese Energiestrukturen halten den Menschen in "seiner" Bahn. Viele halten deswegen ihre festgefahrene Lebensbahn für ihren wahren Lebensweg, ihre Lebensaufgabe, anstatt daß sie das zulassen, was ihnen Glückseeligkeit und Harmonie bringt – nämlich in sich selbst *sein*, ruhen und sich vom Fluß des Lebens tragen lassen.

Jedes Lösen von fester Energie, vor allem im Becken, führt zu einer weiteren Befreiung. Diese hat Auswirkungen auf die gesamte Energiestruktur des Körpers. Ist z.B. das Becken befreit, so zieht das wiederum eine Veränderung der Energie in den Beinen nach sich. Der Mensch hat dann eine bessere Verbindung zur Erde. Diese bessere Verbindung wiederum bringt ein höheres Selbstbewußtsein mit sich und damit einen größeren Handlungsspielraum.

Der größere Handlungsspielraum gewährt dem Menschen wahrscheinlich auch einen größeren Überblick, und er kann sich auf den Weg machen, die Welt und sich selbst freudig zu erkunden. Er wird seine Arme und seinen Kopf mehr gebrauchen, vitaler sein, mehr fühlen und empfinden. Und auch dies hat weitere Veränderungen der Körperenergie zur Folge.

Die Entwicklung verläuft in einer oftmals bewegten, aber aufsteigenden Kurve:

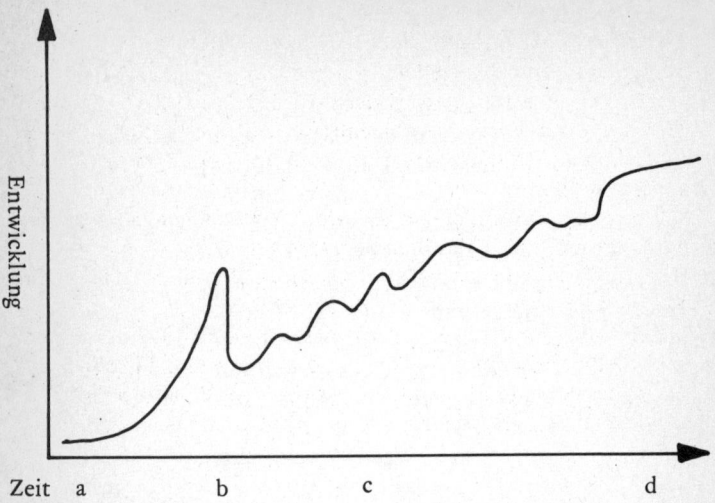

Zunächst informiert sich der Suchende über Methoden und Entwicklungsmöglichkeiten (a). Dann setzt meist ein euphorisch geprägter Aufwärtstrend ein (b), der mit einer Ernüchterung endet. Während der euphorischen Phase besteht oft die Illusion, daß die Entwicklungsarbeit stetig nur Wohlgefühl bringen müsse. Die Ernüchterung erfolgt in der Auseinandersetzung mit der äußeren Realität. Der Mensch braucht seine Zeit, um diese oft herbe Ent-täuschung zu verarbeiten. Der danach einsetzende Entwicklungsverlauf ist von einem mehr oder weniger starken Auf und Ab mit Tendenz nach oben (Gelassenheit und Vitalität) geprägt (c).

Irgendwann im Laufe der Entwicklung hat der Mensch sich gefunden und entwickelt sich ohne größere Schwankungen weiter (d).

Der Rücken

Die unblockierte Lebensenergie läuft im Rücken zwischen Steißbein und Kopf an der Wirbelsäule hoch.

Dieser Verlauf kann vielfach gestört sein. Die Energie kann zu schwach, unregelmäßig verteilt oder in einer falschen Bahn fließen.

Es besteht ein klarer Zusammenhang zwischen Stärke und Verlauf der Energie im Rücken und der Art und Weise, wie ein Mensch sich selbst annimmt.

Bei manchen Menschen hat sich die Lebensenergie in einem einzigen Punkt im Bereich des Steißbeins festgefahren.

Sie mögen sich nicht und sind für sich selbst nicht offen. Sehr oft versuchen sie ihre mangelnde Selbstliebe durch soziale Aktivitäten nach außen zu kompensieren. Dieser Versuch bleibt meist ein Wunsch und kann nicht in die Tat umgesetzt werden, da es an Kraft fehlt. Menschen mit dieser Energieverteilung signalisieren damit auch, daß sie Hilfe brauchen, die sie aber nur schlecht annehmen können.

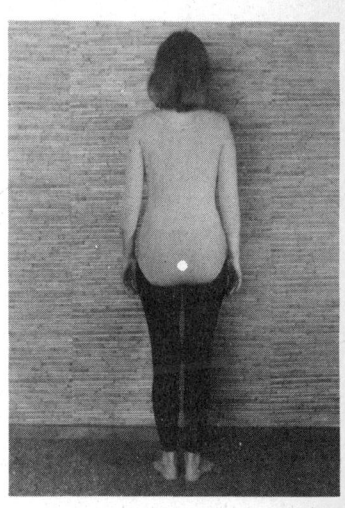

Bild 27: Rückenansicht: Energiepunkt am Steißbein.

Die Lebenskraft und die Individualität sind auf einen Punkt zusammengeschrumpft.

Je freier die Lebensenergie durch den Rücken zum Kopf hochströmt, desto aktiver ist ein Mensch. Er hat mehr "Rückgrat".

Am häufigsten wirst du die geschwächte oder unterbrochene Lebensenergie vorfinden.

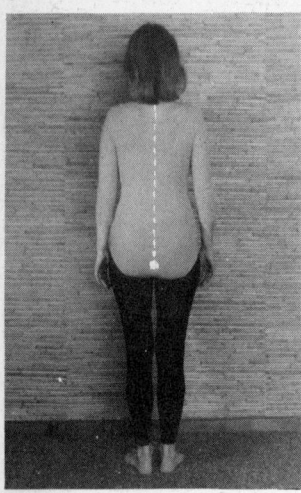 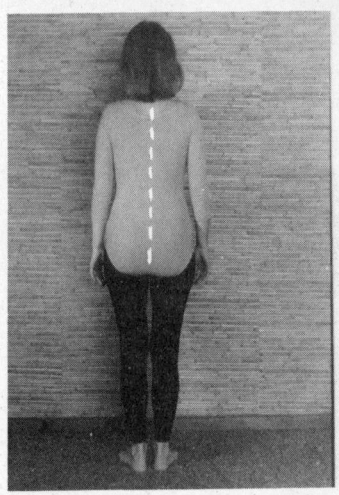

Bild 28: Geschwächte Lebensenergie.

Bild 29: Unterbrochene Lebensenergie.

Den geschwächten Fluß kannst du meist in der unteren Rückenpartie erkennen. Undefinierbare Schmerzen an der Wirbelsäule sind hin und wieder die Begleitsymptome. Menschen mit solchen Schwierigkeiten können sich nur mit Mühe aufrechthalten.

Den geschwächten Energiefluß kannst du auch oft zwischen den Schulterblättern erkennen. Hier signalisiert er Schwierigkeiten im Handeln — im Geben und Empfangen.

Die Unterbrechungen im Lebensenergiestrom finden sich bei den meisten Menschen an den gleichen Stellen. Von hier wird das Empfinden ausgelöst, als sei "das Rückgrat gebrochen". Das Leben scheint nicht mehr tragbar zu sein.

Die Unterbrechungen gehen oft mit einem Energiegürtel um den gesamten Körper einher. Es kann der Beckengürtel, Bauchgürtel,

Brustgürtel, Schulter-Nackengürtel, Stirngürtel und die Kopfplatte sein. Auf diese spziellen Energieblockaden werde ich bei der Besprechung der Chakras näher eingehen.

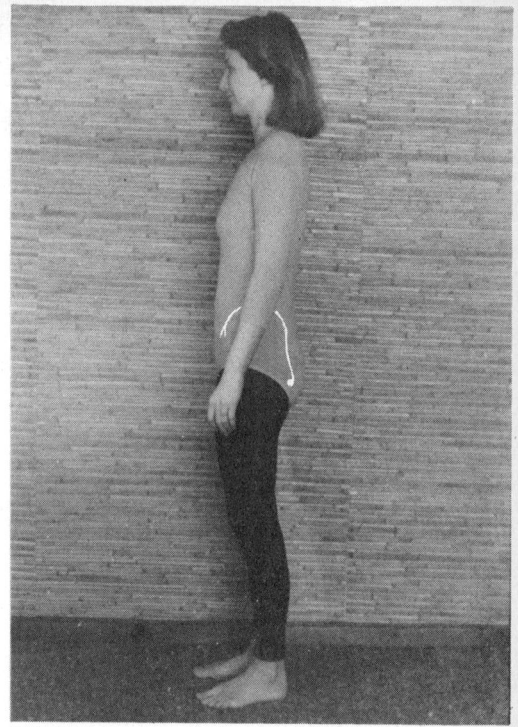

Bild 30: Seitenansicht — nach vorn abfallende Energie.

Menschen mit nach vorn im Körper abfallender Lebensenergie fühlen sich deprimiert. Ihre Lebensenergie drückt nach unten. Die augenblicklichen sozialen Umstände haben meist einen großen Anteil daran. Es besteht aber dennoch eine gute Chance, in relativ kurzer Zeit die Lebenskraft wieder aufzurichten und die Vitalität wiederzugewinnen. Dann verschwindet auch das Gefühl, den äußeren Bedingungen ausgeliefert zu sein. Der Mensch hat dann mehr Kraft, in die ihn niederdrückenden Umstände aktiv einzugreifen und sie zu seinem Wohl zu gestalten.

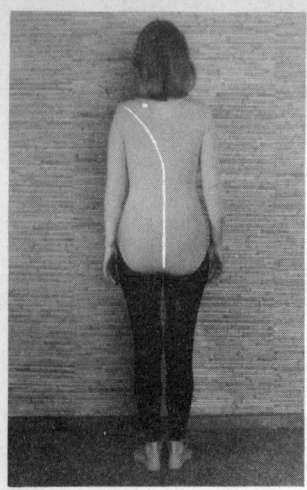 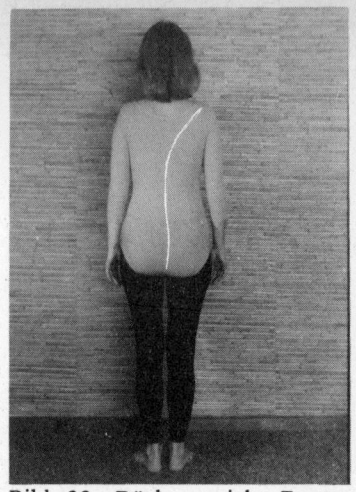

Bild 31: Rückenansicht Energieverlauf nach links

Bild 32: Rückenansicht Energieverlauf nach rechts.

Die Lebensenergie kann auch aus den Bahn geraten.
Menschen mit einem Energieverlauf nach rechts handeln und fühlen mehr männlich-aktiv, linksläufige Energie bewirkt eine mehr weiblich-passive Orientierung. Beide Energieverläufe, ob beim Mann oder bei der Frau, deuten auf ein Sichunwohlfühlen im eigenen Geschlecht hin.

Männer mit einem Energieverlauf nach rechts wirken meist männlich überbetont, gleichzeitig aber wirkt dieses aufgeblasene Image unglaubwürdig.

Geht der Energieverlauf bei Männern nach links, geben sie sich passiv-feminin, legen Wert auf Äußeres. Dies kann soweit gehen, daß sie weiblich-wohlgelockt, leicht geschminkt und in ihren Bewegungen künstlich-fein sind. Sie haben dann, gleich in welchem Alter, wenig Männliches an sich.

Frauen mit nach rechts laufender Lebensenergie sind maskulin betont. Sie wirken auf ihre Mitmenschen oft forsch und willensorientiert-aktiv. Viele Frauen mit einer solchen Lebensenergiebahn finden sich in politischen Gruppierungen oder auf der Karrierelaufbahn.

Ist bei Frauen der Energieverlauf nach links aus der Bahn geraten, sind sie sehr feminin und zart, oft von kleiner Statur. Dem Typ der Kindfrau kommen sie sehr nahe. Sie sind extrem passiv und wirken "lieb".

Diese Kategorisierung von Energieverläufen und Menschentypen kann natürlich nur gröbste Anhaltspunkte geben. Wie der Mensch im einzelnen fühlt und wie er sich darstellt, hängt weitgehend von der Gesamtverteilung der Blockaden und der fließenden, freien Energie ab.

Eine weitere grundlegende Variation des Energieverlaufs im Rücken ist die Gespaltenheit.

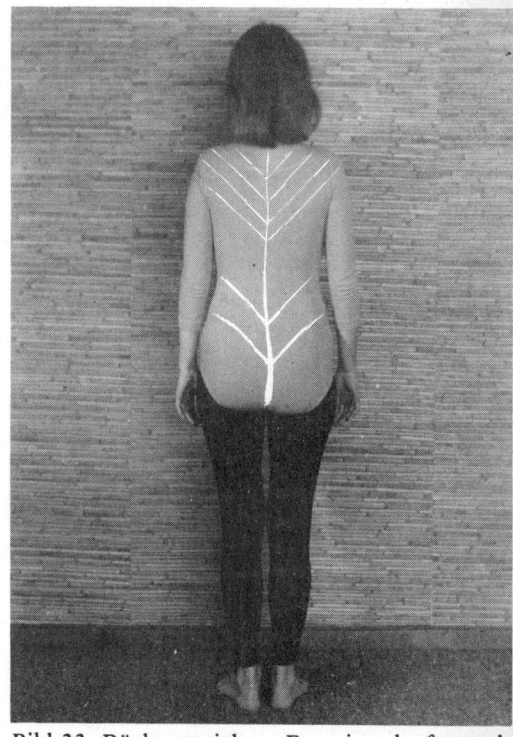

Bild 33: Rückenansicht — Energieverlauf gespalten

Diese Menschen verfügen im allgemeinen über ein starkes Rückgrat, aber sie fühlen sich auseinandergerissen. Bei vielen Schizophrenen kann man diese Energieverteilung erkennen. Das heißt nicht, daß ein Mensch mit diesem Energiebild schizophren sein muß; genausowenig taucht bei allen als schizophren diagnostizierten Menschen dieses Energiebild auf. Hast du den Eindruck, daß dein Partner an einer geistigen Erkrankung leidet, verweise ihn an einen Facharzt seines Vertrauens; er hat im allgemeinen ein größeres Wissen über derartige Erkrankungen.

Je deutlicher die Lebensenergie im Rücken gespalten ist, desto größer sind die Schwierigkeiten des betreffenden Menschen. Er ist immer zwischen mindestens zwei Extremen hin- und hergerissen, ist entweder allzu impulsiv in seinen Handlungen oder er verfällt in Lethargie. Solche Extreme sind für die Mitmenschen schwer ertragbar.

Eine weitere, oft auftauchende Energiestruktur ist die Abzweigung im Schulterbereich (Bild 34). Menschen dieser Prägung haben immer schwer zu tragen, und wenn man sie diesbzüglich genau er-

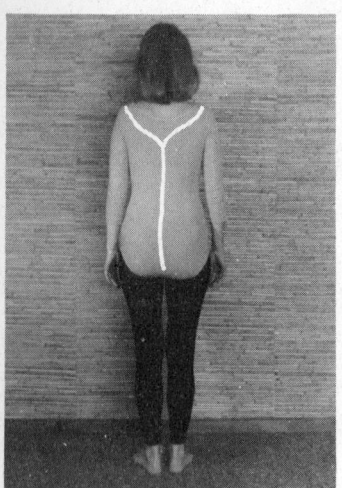

Bild 34: Rückenansicht, Energieabzweigung im Schulterbereich.

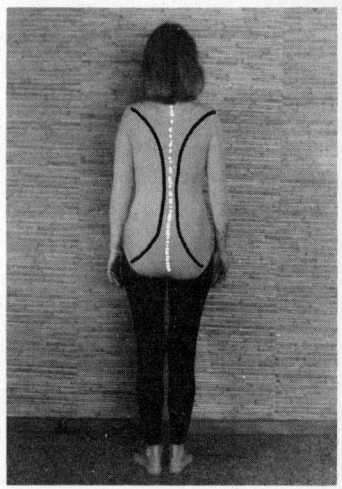

Bild 35: Rückenansicht, Lebensenergie in der Mitte geschwächt.

forscht, entdeckt man, daß sie meist auch gern tragen wollen. Trotz ihrer Belastungen, meist äußerer Art, wirken sie aber stabil und zuverlässig. Nichts ist ihnen zuviel. Sie stöhnen zwar manchmal unter ihrer Last, schütteln sie aber dennoch nicht ab. Falls dein Partner eine solche Energieverteilung mitbringt, sprich mit ihm darüber, frage ihn nach seiner Last. Versuche, ihm den Zusammenhang zwischen der äußeren Lebenssituation und seiner inneren Lebensenergieverteilung bewußt zu machen. Vielleicht verändert er seine sozialen Bedingungen oder seine Haltung gegenüber diesen Tatsachen. Beides muß zusammenwirken, soll eine dauerhafte Stabilisierung der Lebensenergie in ihrem natürlichen Verlauf erreicht werden.

Obwohl Menschen mit dieser abzweigenden Energieverteilung im Schulterbereich gut mit ihren Schwierigkeiten umgehen können, sind ihre Lebensumstände für sie selbst meist alles andere als befriedigend und nicht ihren eigentlichen Möglichkeiten entsprechend.

Eine kompensatorisch stabilisierende und stärkende Energiestruktur ist auf Bild 35 dargestellt.

Die Lebensenergie in der Wirbelsäule läuft stetig und ist nicht unterbrochen. Links und rechts, durch den Rücken verlaufend, sind zwei Energiebahnen aus festgehaltener Energie eingesetzt. Sie wirken wie Stabilisatoren für die relativ schwache Lebensenergie in der Mitte.

Die Kraft dieser Stabilisatoren stammt aus dem Lebensenergiefluß in der Mitte des Rückens. Das heißt, die scheinbare Stabilisierung muß aufgehoben werden, damit der Fluß der Lebensenergie in seiner ursprünglichen Stärke wieder fließen kann.

Menschen mit dieser Energieverteilung hatten oft im Laufe ihres Lebens über längere Zeit das Empfinden, nicht stark genug für die Daseinsbewältigung zu sein und haben deshalb eine künstliche Verstärkung aufgebaut.

Heute, nachdem ihre strapazierende Lebenssituation hinter ihnen liegt, wirken sie übermäßig diszipliniert und sind kaum in der Lage, zu sehen, was links und rechts ihres Weges liegt. Sie gehen sozusagen mit Scheuklappen durchs Leben. Sie sind sehr auf Sicherheit bedacht und halten sich gerne aus Situationen heraus, die ihr Leben in Bewegung bringen, denn jede Bewegung wird als Unordnung empfunden. Haben sie sich einmal für eine neue Richtung entschieden, verfolgen sie diese mit der gleichen Beharrlichkeit und relativen Unbeweglichkeit wie die vorige.

Diese Art der Energieverteilung gibt dem Menschen das Empfinden korrekt, ernsthaft, zuverlässig, stark und geradeheraus zu sein. Eine weitere, öfters vorzufindende Energieverteilung sieht so aus:

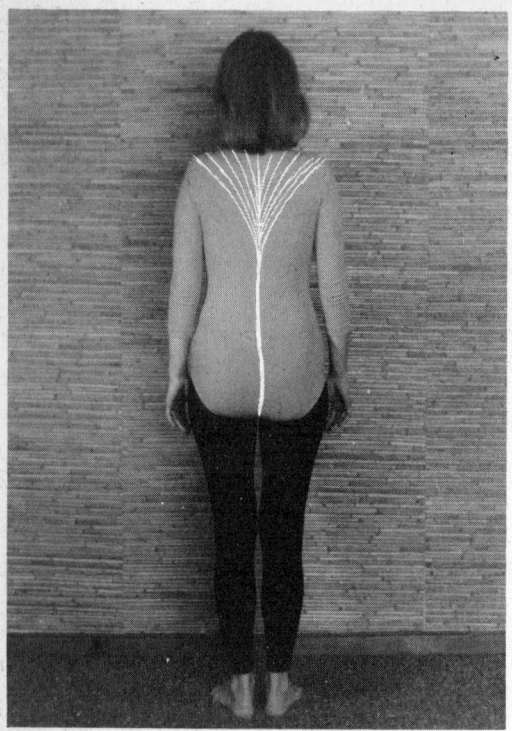

Bild 36: Rückenansicht — losgelöste, in die Schultern verteilte Lebensenergie.

Menschen mit dieser Energieverteilung wirken rechthaberisch-aggressiv; man kann sich ihnen anscheinend nur unterordnen oder ausweichen. Sie selbst empfinden sich meist als alleingelassen und manchmal einsam. Andere Menschen sind für sie oft eine Bedrohung ihrer Selbständigkeit.

In ihrer Kindheit haben sie sich meist einer vermeintlich oder tatsächlich übermächtigen Mutter oder eines solchen Vaters erwehren müssen.

Diese Beschreibungen sind Anhaltspunkte für deine eigenen Beobachtungen. Ich habe diese Energieverteilungen des Rückens hier dargestellt, weil ich sie oft beobachtet habe und erkannte, daß sie aufs deutlichste die Gefühls- und Erlebenswelt widerspiegeln.

Bemerkenswerterweise hat eine nicht in der rechten Bahn befindliche Lebensenergie größere Auswirkungen auf das gesamte Leben als festgehaltene Energien in einem ganzen Körperteil.

Falsch ausgerichtete Lebensenergie bedeutet, auf eine Grundaussage gebracht: Der Mensch befindet sich in einer falschen Lebensbahn; er ist in einer Sackgasse, aus der er wahrscheinlich ohne fremde Hilfe nicht herauskommt. Es ist sehr wichtig, mit unseren Klienten und Partnern in Gruppen und Einzelsitzungen über diese Zusammenhänge zu reden, da vieles durch das Verstehen erst in einen Gesamtzusammenhang gebracht wird, und dies ist die stabile Grundlage für jede Weiterentwicklung. Durch ein solches Verständnis wird die Bereitschaft zur Veränderung — Richtung Nullpunkt — vergrößert und bewirkt mehr innere und äußere Beweglichkeit.

Bild 37: Rechte Hand auf dem Steißbein, linke Hand auf dem Nackenansatz.

Bild 37 zeigt den Polaritygriff, der den Energiefluß in der Wirbelsäule intensiviert. Dieser Griff ist sinnvoll, wenn der Lauf der Lebensenergie in dieser Bahn so geschwächt ist, daß der Partner kaum oder keine wahrnehmbare Veränderung im Rücken spürt.

Verlasse dich auf dein inneres Auge, um den Verlauf und die Veränderung der Lebensenergie wahrzunehmen. Ist die Lebensenergie nur an einem Punkt am Steißbein sichtbar, ziehe sie langsam an der Wirbelsäule hoch. Dabei bleibt die rechte Hand zunächst auf dem Steißbein liegen und die linke Hand bewegt sich immer kurz über der derzeitigen Staustelle der Energie zum Kopf hin.

Erweist sich ein Bereich als besonders undurchlässig, lege die rechte Hand kurz vor den Staupunkt und die linke knapp darüber.

Vielleicht ist es auch notwendig, nur mit den Fingern zu arbeiten. Du legst den rechten Mittelfinger an den Staupunkt und setzt den Zeigefinger der linken Hand oberhalb davon an. Durch diese Polarisierung kann die Lebensenergie sich langsam ihren Weg nach oben, zum Kopf hin, bahnen.

Folgende Techniken dienen ebenfalls dem Öffnen der Energiebahnen:

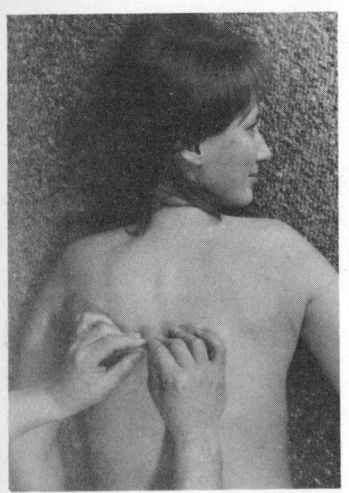

Bild 38: Aufrollen der Haut neben der Wirbelsäule nach oben.

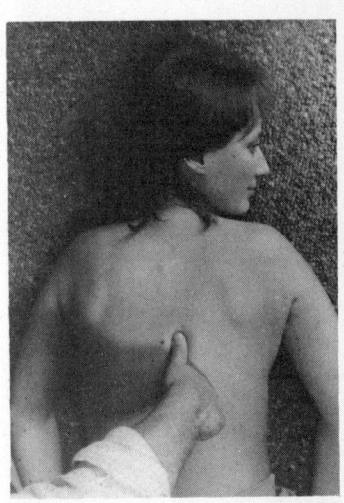

Bild 39: Leichter Daumendruck links und rechts entlang der Wirbelsäule.

Bild 38 zeigt, wie die Haut links und rechts entlang der Wirbelsäule nach oben aufgerollt wird. Dein Partner sollte während des Rollens die gesamte Rückenmuskulatur entspannt halten.

In einigen Bereichen der Wirbelsäule wird sich die Haut weniger gut rollen lassen. Geh überall sacht und liebevoll vor. Erzwinge nicht das Öffnen einer Energiebahn. Früher oder später wird sie sich mit Hilfe des Lebensenergieflußes zwischen deinen Händen öffnen.

Geduld und Gelassenheit sind wichtige Helfer in der Polarityarbeit. Bild 39 zeigt, wie mit leichtem Daumendruck das Öffnen der Energiebahn unterstützt werden kann.

Sollte dein Partner Schmerzen an der Wirbelsäule oder gar Anormalitäten haben, empfehl ihm, einen Chiropraktiker, Orthopäden oder einen Krankengymnastiker aufzusuchen. Polarity sollte auf keinen Fall von einem Laien zur Korrektur von sogenannten Haltungsfehlern oder Wirbelsäulenerkrankungen angewandt werden.

In der Polarity ist es wie im Yoga. Beide Systeme können die Heilung von speziellen Erkrankungen und Anormalitäten unterstützen, ersetzen aber nicht die ärztliche Therapie.

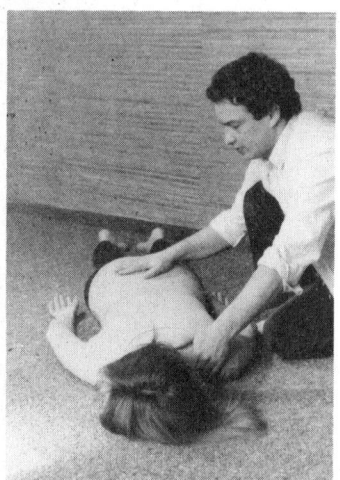 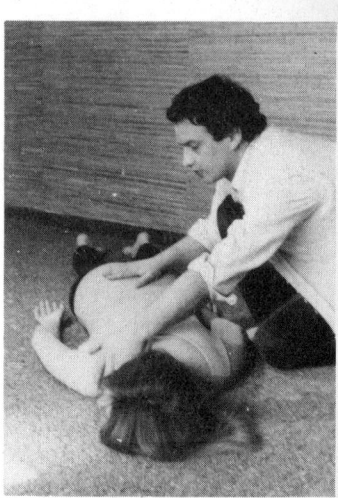

Bild 40: Rechte Hand am Steißbein, linke Hand am linken Schulterblatt.

Bild 41: Rechte Hand am Steißbein, linke Hand am rechten Schulterblatt.

Die Polaritygriffe Bild 40, 41 bieten sich an, wenn der Lebensenergiestrom nach links oder rechts in die Schulter weicht. Die linke Hand liegt bei Linksabweichung flach auf der rechten Schulter,

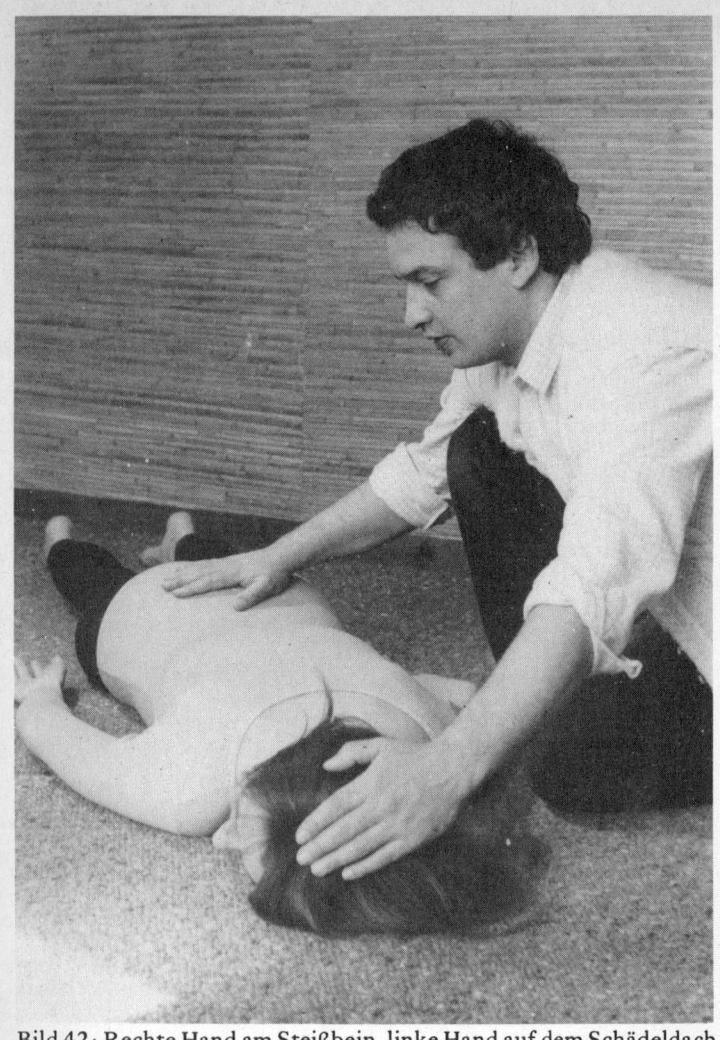

Bild 42: Rechte Hand am Steißbein, linke Hand auf dem Schädeldach

um das entsprechende Gegengewicht für eine Korrektur des Verlaufs zu geben. Die linke Hand gehört auf die rechte Schulter, wenn die Energie nach links verläuft.

Lasse deinem Partner die Zeit, die er benötigt, um sich umzuorientieren.

Ein Energieverlauf, der jahrelang in einer bestimmten Bahn war, wird nicht innerhalb kürzester Zeit in seinen natürlichen Lauf zurückkehren.

Vielleicht ist es für die Entwicklung besser, die linke Hand nicht so hoch anzulegen, sondern im Bereich des unteren Schulterblattes.

Konzentriere dich auf deinen Partner und lasse dir das Bild für deinen nächsten Polaritygriff kommen, der dem nächsten Entwicklungsschritt angemessen ist.

Wenn du dich innerlich leer machst, dich dann konzentrierst und nach dem im Moment besten und sinnvollsten Polaritygriff fragst, wirst du ihn vielleicht vor dir sehen oder ihn intuitiv wissen.

Die drei Polaritygriffe der Bilder 40 - 42 bilden die Grundlage für die Variationen, die angewandt werden können, um die Lebensenergie wieder in ihre angestammte und natürliche Bahn zurückzubringen.

Der Rücken ist meist in seiner Gesamtheit oder in großen Teilen mit festgehaltener Energie blockiert.

Um sie zu lockern, abzulassen oder an die richtige Stelle zu leiten, kennt die Polarity viele Griffe.

Grundsätzlich bleibt die linke Hand (Ausnahmen sind selten) bei den Polaritygriffen oberhalb der rechten, immer in Richtung Kopf, da der Mensch, wie schon beschrieben, am Kopf mehr positiv und an den Füßen mehr negativ geladen ist.

Polaritygriffe zur Auflockerung der festgehaltenen Energie im Rücken:
a) linke Hand unter dem linken Schulterflügel,
   rechte Hand auf der Rückseite des linken Oberschenkels;
b) linke Hand unter dem rechten Schulterflügel,
   rechte Hand auf der Rückseite des rechten Oberschenkels.

Es ist auch möglich, die linke Hand auf den jeweiligen Schulterflügel zu legen. Probiere aus, was dir in der jeweiligen Situation mit deinem Partner am sinnvollsten erscheint.

c) Dein Partner liegt auf dem Bauch. Deine linke Hand befindet sich an seinem Halsansatz vorne und deine rechte Hand auf dem Steißbein.
d) Der Partner liegt auf der rechten Seite. Du legst deine linke Hand zwischen Bauchnabel und Solarplexus und deine rechte Hand auf den Nacken.
e) Deine linke Hand befindet sich bei deinem auf dem Bauch liegenden Partner am Nackenansatz. Übe keinen Druck mit dieser Hand aus.
Deine rechte Hand befindet sich an seinem Steißbein.
Schaukle mit deiner rechten Hand das Becken hin und her. Achte darauf, daß du nur soweit schaukelst, bis du einen Widerstand verspürst.
f) Deine linke Hand liegt auf dem oberen Teil des Schulterflügels deines Partners. Deine rechte Hand liegt unterhalb des Rippenansatzes.

Schultern, Nacken und Arme

Die Schultern sind ein Bereich, in dem Energie besonders stark und nachhaltig festsitzt.

Das geschieht dann, wenn der Mensch an irgend etwas schwer zu tragen hat und sich schützen muß. Eine Überbelastung kommt durch ein Übermaß an Informationen, Gefühlen oder Gedanken zustande.

Diese Energie "friert ein", wenn der Mensch keine Möglichkeit hat, sich verbal oder durch tätiges Handeln auszudrücken.

Die Grundlage zu einer solchen Blockade wird bereits in der frühen Kindheit gelegt.

Der junge Mensch konnte emotional belastende Situationen nicht bewältigen oder ihm wurden Verpflichtungen auferlegt, die zu schwer auf seinen Schultern lasteten.

Wird ein solch massiver Druck über längere Zeit aufrechterhalten, so müssen die Schultern nach oben gedrückt und nach vorne gezogen werden. Die Reaktion auf die bedrohliche, belastende Situation wird in dieser Haltung "eingefroren".

Es entsteht ein gekrümmter Rücken.

Durch diese Haltung werden die Regungen und Gefühle aus dem Bauch und Herzen unterhalb der Stimmbänder in der Kehle abgeschnürt, und sie können damit nicht mehr ins Bewußtsein eindringen.
Der Hals wird zusammengedrückt und der Nacken versteift sich.
Das Umsetzen der Gefühle in Aktionen wird bei dieser Haltung meist am Schlüsselbein vor dem Schultergelenk blockiert. Die Bewegung der Arme ist dann energielos und zu stark vom Kopf kontrolliert. Bei manchen Menschen sind die Arme regelrecht vom Körper abgetrennt. Das Leben zu "erfassen" und aktiv zugestalten, ist aber ohne Arme ganz unmöglich.

Menschen ohne Energie in den Armen bleiben in ihrem Selbstausdruck beschränkt und sind in ihrer engen Gefühls- und Erlebenswelt gefangen. Sie wirken auf ihre Mitmenschen manchmal sehr eigenwillig.

Übung:
Setze dich auf einen Stuhl und entspanne dich. Schaue mit deinem inneren Auge in dich hinein und sieh dir aufmerksam das Energiebild deines oberen Rückens an.
Gibt es in diesem Körperbereich schwarze Stellen, graue Stellen, weiße Inseln?
Fließt Lebensenergie durch die Schultern?
Schau dir die Wirbelsäule im Bereich der Schultern bis zum Kopfansatz an.
Ist die Energie in den Wirbeln mehr hell als dunkel?
Kannst du bestimmte Wirbel nicht erkennen?
Betrachte nun die Schulterblätter.
Sind sie eher hell als dunkel?
Sind helle oder dunkle Flecken darauf oder darin zu erkennen?
Sind die Schulterblätter in einer bestimmten Energie eingebettet?
Wie ist die Energieverteilung im oberen Schulterbereich?
Ist sie eher fließend oder stagnierend?
Liegt ein Energiekranz um deinen Nacken und Hals?
Ist die Energie am Halsansatz anders als zu den Schultergelenken hin?
Schau dir deinen Hals auf die Energieverteilung hin an.
Besteht eine Energieverbindung zwischen Hals und Rumpf?
Ist in einem bestimmten Bereich keine Energie erkennbar?
Läßt der Nacken genügend Energie hindurchfließen?

Nun zu den Armen. Zunächst die rechte Seite: Betrachte die Energieversorgung und den Energiezustand des Schultergelenks.

Hört vielleicht die Energieversorgung vor dem Schultergelenk auf oder dahinter?

Ist der Arm insgesamt gut mit Energie versorgt oder gibt es Schwachstellen?

Hat sich Energie im Ellbogen, im Handgelenk angesammelt?

Wie ist die energetische Verbindung Hand — Unterarm?

Wie sieht die Energieverteilung in der Hand aus?

Verfahre ebenso mit deinem linken Arm und der linken Hand.

Betrachte deinen linken Arm/Hand und vergleiche mit dem rechten. Gibt es grundlegende Unterschiede in der Energiestruktur/ Energieverteilung?

Falls dies so ist, versuche die Hintergründe für diesen Unterschied zu erfassen. Hast du diese Frage soweit gelöst, wie es im Moment möglich ist, betrachte nochmals deine Energieverteilung in den Armen.

Übung:
Stelle dich hin und breite die Arme in Schulterhöhe nach rechts und links aus. Lasse dir Bilder zu deinen Armen kommen. Vielleicht kommen dir auch Sätze in den Sinn.

Sei dir bewußt, daß die linke Hand negativ zur rechten geladen ist. Nimm beide Hände als gegenüberliegende Pole wahr.

Lasse die Energie zwischen beiden Polen fließen!
Sieh dir den Weg der Lebensenergie genau an. Schau nach, ob dieser horizontale Energiefluß mit dem vertikalen an der Wirbelsäule verbunden ist.

Lasse die Arme sinken und spüre nach.

Wir erleben es immer wieder, daß nach dieser Übung die Arme und die Schultern zum ersten Mal im Leben ganz bewußt wahrgenommen werden.

Der Polaritygriff Bild 43 verbindet Gefühlsqualitäten wie Liebe, Zugehörigkeit und Annahme mit den Ausdrucksmöglichkeiten der Hände. Es mag sein, daß die Energie durch einen Arm schwächer läuft durch den anderen.

Um den Energiefluß der Arme zu intensivieren, bieten sich folgende Polaritygriffe (Bilder 44,45) an:

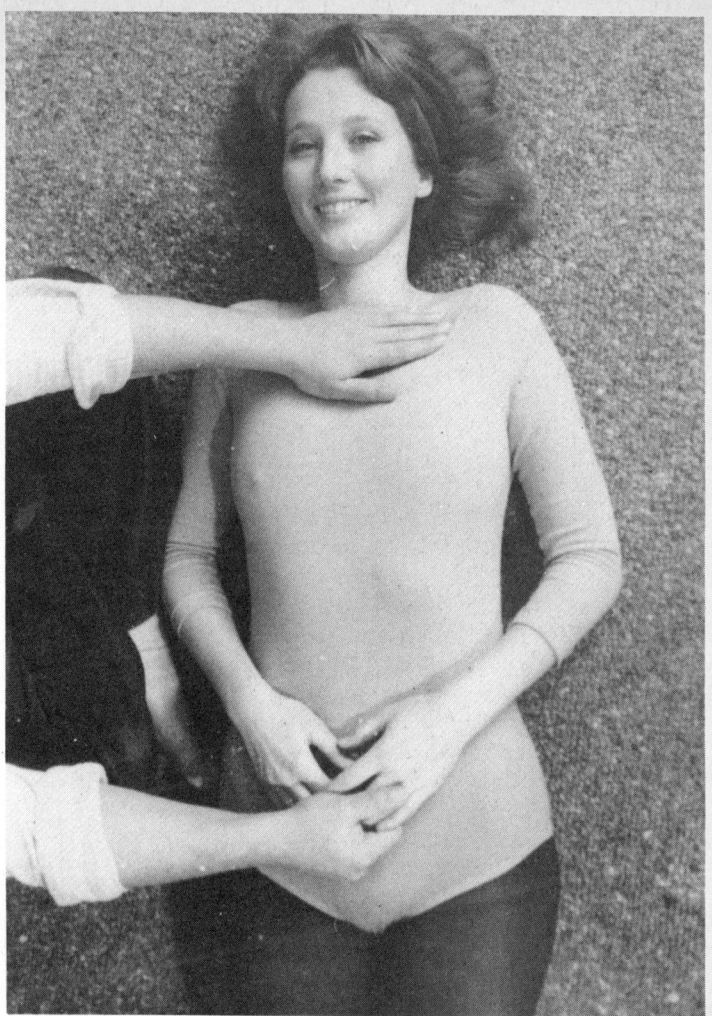

Bild 43: Partner in Rückenlage, beide Hände nebeneinander auf dem Bauch liegend. Deine rechte Hand umschließt die Finger, die linke Hand liegt am Kehlkopf.

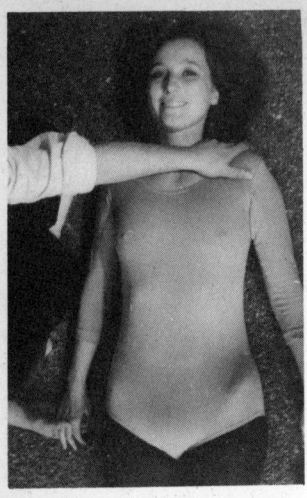 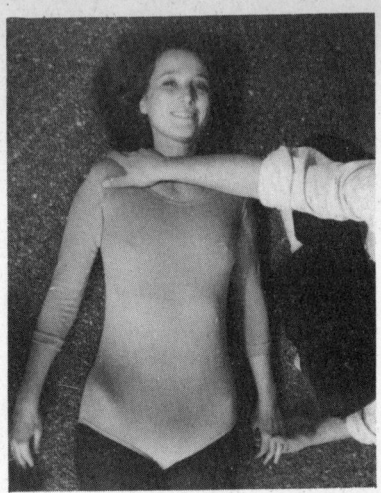

Bild 44: Rückenlage, linke Hand auf linker Schulter, rechte Hand hält Finger der rechten Hand des Partners.

Bild 45: Rückenlage, rechte Hand auf der rechten Schulter, linke Hand hält die Finger der linken Hand des Partners.

Diese Polaritygriffe scheinen dem Prinzip zu widersprechen, daß die linke Hand an der rechten Seite und die rechte Hand an der linken Seite des Partners ruhen sollte; du nimmst also bei diesen Griffen die gleichpolige Seite in deine Hand.

Die Erklärung dafür ist einfach. Durch die linke Hand und durch den linken Arm wird die Welt in erster Linie *erfüllt*, und die Energie fließt den Arm hinauf in Rumpf und Gehirn. Rechte Hand und rechter Arm sind Instrumente, mit denen der Mensch aktiv in die Welt eingreift. Die Energie fließt von Kopf und Rumpf zum Arm. Bei den allermeisten Menschen ist das aktive Eingreifen besser ausgebildet als das Fühlen und Auf-sich-einwirken-lassen. Die Energie im rechten Arm ist deswegen meist stärker und fließender als im linken Arm.

Durch diese "umgekehrte" Polarisierung wird der Energiefluß nach innen, bzw. nach außen intensiviert.

Manchmal kann es auch notwendig werden, um die Energiebahn zu öffnen, daß du mit der rechten Hand die linke Hand des Part-

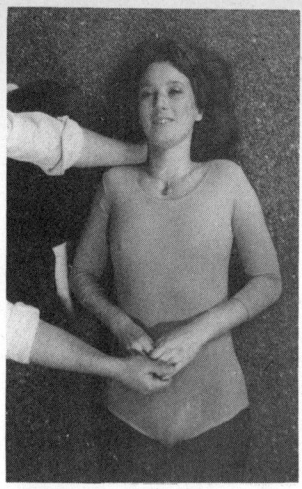 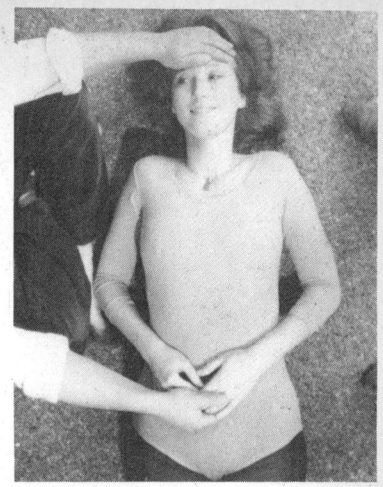

Bild 46: Rückenlage, linke Hand im Nacken, rechte Hand umschließt die Finger beider Hände.

Bild 47: Linke Hand auf der Stirn, rechte Hand umschließt die Finger beider Hände.

ners umfaßt und deine linke Hand an seiner rechten Schulter liegt. Für die Polarisierung des rechten Arms gilt natürlich das entsprechende.

Bild 46 zeigt, wie die Lebensenergie Nacken, Schultern, Arme und Hände miteinander verbinden kann. Die festgehaltene Energie kann so die Arme hinunter zu den Händen hinaus laufen und es kann damit ein neuer Fluß in Gang kommen. Außerdem wird durch die Verbindung Nacken – Hände das willentliche Handeln harmonisiert.

Auf Bild 47 ist dargestellt, wie Denken und Handeln miteinander verbunden werden.

Die Denkenergie sitzt jetzt nicht mehr im Kopf fest, sondern sie kann in Handlung umgesetzt werden. Das Handeln wird besser durchdacht, weil kein Block mehr zwischen den Organen des Denkens und Handelns besteht.

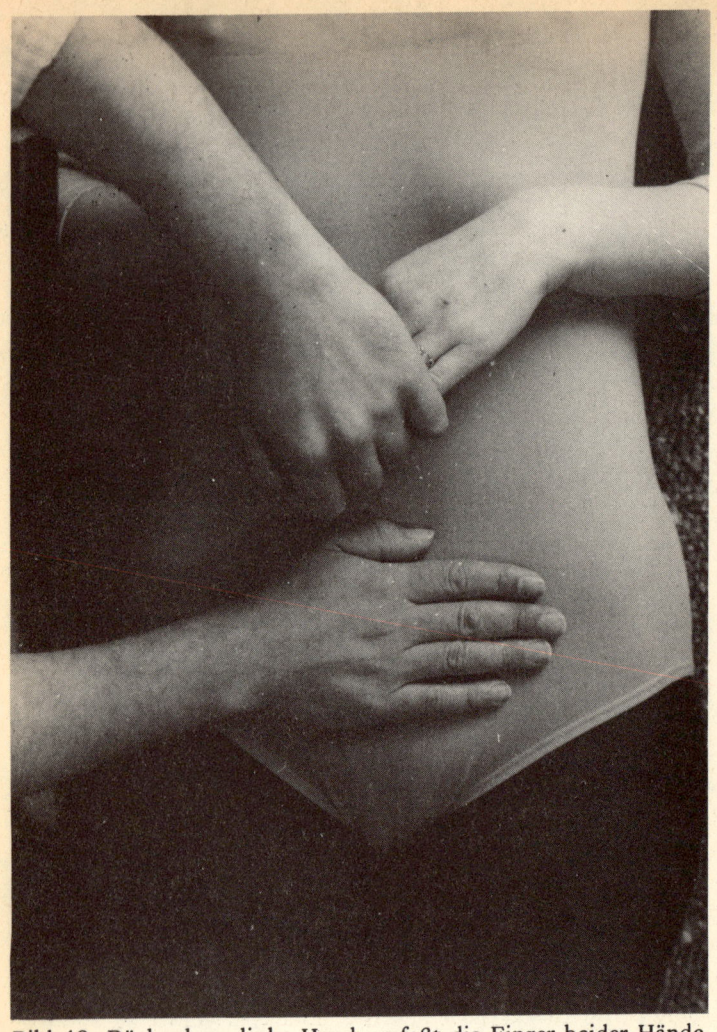

Bild 48: Rückenlage, linke Hand umfaßt die Finger beider Hände, rechte Hand liegt auf dem Bauch über dem Schambein.

Auf Bild 48 wird den Gefühlen, die aus dem Bauch aufsteigen, die
Bahn zu den Händen geöffnet, und können somit umgesetzt werden.
Bei dieser Polarisierung fließt die Lebensenergie durch die gesamte
Frontseite des Menschen und bringt sie in Bewegung. Blockaden im
Bauch- und Brustbereich werden aufgeweicht und durchlässiger.

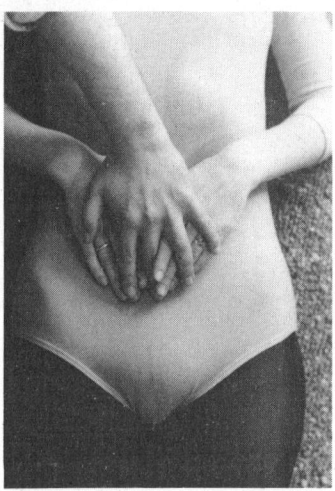

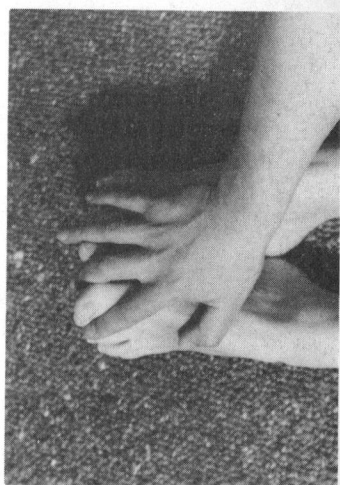

Bild 49: Rückenlage, Hände auf dem Bauch, linker Mittelfinger liegt dazwischen und berührt beide. Daumen und Zeigefinger auf der rechten, Ring- und kleiner Finger auf der linken Hand.

Bild 50: Füße liegen zusammen, rechter Mittelfinger liegt zwischen den Füßen und berührt beide. Daumen und Zeigefinger auf linkem Fuß, Ringfinger und Kleiner Finger auf rechtem Fuß.

Ist die Verbindung zwischen Händen und Füßen ausreichend zustande gekommen, so ist der Mensch in einem Zustand, der "Hand und Fuß" hat. Er wird handlungsfähiger und lenkt seine Schritte mehr im Einklang mit der Lebensenergie. Solche Menschen strahlen Harmonie aus.

Die Lebensenergie fließt von den Füßen durch die Beine, durch Becken, Rücken und über die Schultern durch die Arme zu den Händen.

Ist die Verbindung zwischen Kopf und Rumpf vorhanden, so sind alle Körperteile untereinander in energetischer Verbindung. Viele Menschen empfinden und erfahren ihre Ganzheit dann zum ersten Mal. Diese Ganzheit ist ein höheres Energieniveau. Und die größere Vitalität geht einher mit größerer Gelassenheit. Die Bewegungen werden geschmeidiger und runder. Die Selbstachtung und Selbst- und Nächstenliebe ist beträchtlich gewachsen.

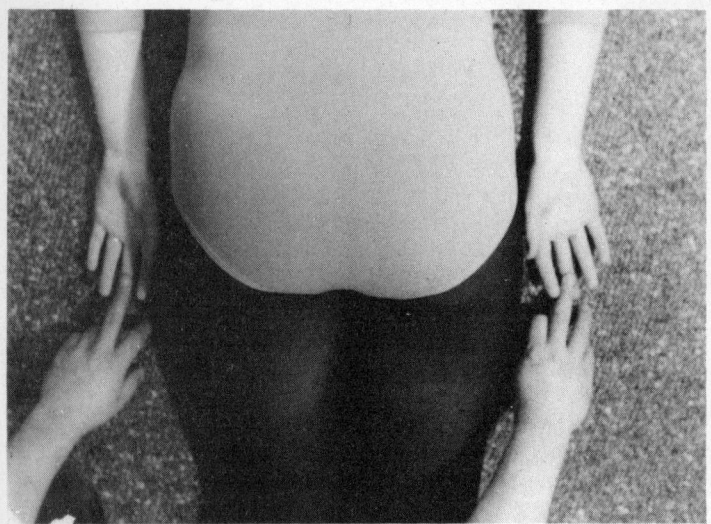

Bild 51: Bauchlage, Arme nach unten, Handflächen nach oben. Linker Mittelfinger am linken Mittelfinger des Partners, rechter Mittelfinger am rechten Mittelfinger des Partners.

Durch diesen Polaritygriff (Bild 51) wird die Lebensenergie, die an der Wirbelsäule entlangströmt, mit der Lebensenergie in den Armen verbunden. Gleichzeitig kommt die Energie beider Arme in den Schultern zusammen.

Eine Variation ist möglich, wenn du deine linke Hand auf die Wirbelsäule kurz unter den Nackenansatz legst und deine rechte Hand auf die rechte Hand deiner Partners. So kannst du die Verbindung für die rechte Hand herstellen oder verstärken.

Um das gleiche für den linken Arm/Hand zu erreichen, legst du die rechte Hand auf den oben beschriebenen Punkt auf die Wirbelsäule und die linke auf die Handinnenfläche.

Weitere Polaritygriffe, die den Fluß der Lebensenergie im Schulter/Nacken-Bereich erhöhen:

Du legst die rechte Hand auf die Schulter im Nackenansatz und die linke auf den Hinterkopf. Dein Partner sollte dabei auf dem Bauch liegen und dir das Gesicht zuwenden. Du befindest dich hierbei auf seiner linken Körperseite.

Du stellst dich hinter deinen Partner und legst die rechte Hand auf seine rechte Schulter und hältst die linke an seine linke obere Kopfhälfte über dem Ohr.

Und umgekehrt: Deine linke Hand auf seiner linken Schulter, deine rechte Hand am oberen Kopf über dem Ohr.

Du stellst dich vor deinen Partner und legst die linke Hand von der Seite auf das rechte Schultergelenk und Deine rechte Hand auf das linke Schultergelenk. Der Energiedurchfluß wird in den Schultern dadurch oft erst möglich gemacht.

Sind die Blockaden in Nacken, Schultern, Armen und Händen aufgehoben, so steigt die Vitalität, d.h. die Lebensenergie, die im Becken schlummert, nach oben und kann in Kreativität, Lebensfreude, Harmonie, Zufriedenheit, Nächstenliebe und Gelassenheit umgesetzt werden.

Sind die Schultern befreit, kann den Menschen nichts mehr bedrücken, weil er sofort seiner Individualität entsprechend agieren und reagieren kann.

Es ist bei Menschen auf dieser Entwicklungsstufe kaum noch möglich, zwischen Aktion und Reaktion zu unterscheiden; beide Polaritäten sind zu einer Einheit geworden.

Ihr Handeln, Denken und Fühlen ist in Einheit mit ihrer Lebensenergie.

Der Kopf

Der Kopf ist das oberste Organ im Körper des Menschen. Er thront sozusagen über allem. Im Kopf befindet sich die zentrale Schaltstelle, das Gehirn.

Die Sensoren für Schmecken, Hören, Riechen und Sehen sind hier untergebracht. Die vier Sinne haben einen kurzen Weg zu ihrer Zentrale.

In der Mitte des Kopfes sitzt die Hypophyse, die alle Körpersekretionen überwacht und reguliert.

Der Kopf läßt sich mit dem König eines Landes vergleichen. Ist er ein Tyrann, wird er sein Land (den Körper) mit harter Faust regieren, es ausbeuten, Unmögliches von ihm verlangen. Er hält Distanz zu seinem Volk, er verachtet es, weil es unter ihm steht. Er wird als Despot unsinnige Befehle erteilen, Krieg führen wollen auf Kosten des eigenen Landes, um immer größer, reicher zu werden. Solch ein Tyrann behauptet von sich, er hätte den Überblick und könne in allem die richtigen Entscheidungen treffen. Er ist Gesetzgeber und Richter in einer Person. Er wird von sich behaupten, daß er sich für höhere Ideale einsetzt (Religion, Staat, Moral). Eine solche Herrschaft führt dazu, daß das Volk unmündig bleibt, unbewußt, abgeschnitten von der übrigen Welt.

Aber immer wieder versuchen die Unterdrückten, sich durch Aufstände dieses Tyrannen zu entledigen. Der Kopf wird zu Fall gebracht, er muß liegen (im Bett). Krankheit bricht aus.

Menschen mit Tyrannenköpfen haben ihren Kopf vom Körper abgetrennt. Der Kopf hat sein Eigenleben, ist das "wahre Leben", der restliche Körper muß kuschen. Die Rebellionen des Körpers wie Depressionen, Angst, Unlust, Neurosen können heute schnell niedergeschlagen werden. Die chemisch-pharmazeutische Industrie hält viele Keulen bereit. Neben dem Typus des Tyrannen gibt es auch das Ideal des weisen Herrschers. Er kennt genau die Strömungen und Stimmungen in seinem Königreich. Er ist mit allen Teilen seines Landes in Verbindung. Zwar übt auch er die Befehlsgewalt aus, aber immer in Rücksicht, mit Weisheit und zum Wohle der gesamten Gemeinschaft.

Er stellt sein Wissen den einzelnen Teilen und dem gesamten Reich zur Verfügung und achtet darauf, daß es zum Vorteil aller

gereicht, denn der weise König herrscht, indem er anderen dient.
Mit diesen beiden Herrschaftstypen sind die grundsätzlichen Möglichkeiten charakterisiert, wie der Kopf mit dem Körper verbunden bzw. nicht verbunden sein kann.

Menschen mit einem Tyrannenkopf scheinen nur aus dem Kopf zu bestehen. Probleme, Umgang mit anderen Menschen, die Haltung zur Natur, das Gehen, Sex, kurz: alles wird mit dem Kopf "gemacht".

Die meisten Politiker gehören zu diesem Typus. Sie sehen die Bedürfnisse ihrer Mitmenschen nur durch die irrationalistische Logik vom "grünen Tisch" aus.

Gefühle werden mit dem Kopf auf ihre Wirkung hin durchkalkuliert und programmiert.

Fehlentscheidungen können deswegen nicht ausbleiben.

Hat der Kopf keine Verbindung zum Körper, so ist er kalt — sachlich, berechnend, herzlos, "abgehoben". Wir leben in einer überwiegend kopfigen Gesellschaft, in der möglichst alles mit "klarem Sachverstand", registriert und arrangiert wird. Das Wunderkind dieser Gesellschaft ist der Computer.

Was im politisch — gesellschaftlichen Bereich so eklatant zutage tritt, zeigt aber nur im großen, was die einzelnen Mitglieder dieser Gesellschaft im kleinen sind: kopfige, dem Körper entfremdete Wesen. Nur die rational sanktionierten Gefühle dürfen gezeigt werden, die anderen werden abgeblockt und damit aus dem Bewußtsein verdrängt.

Die Folge im individuellen und kollektiven Bereich kennen wir alle reichlich.

Wie wir unsere Umwelt verschmutzen, so verschmutzen wir unsere Körper.

Wie wir mit den Tieren umgehen, so gehen wir mit unseren Gefühlen um.

Wie wir unsere Mitmenschen sehen, so sehen wir uns selbst.

Nur wenn wir selbst — jeder einzelne von uns — wieder zur Ganzheit und zum Heilsein finden, kann unsere Umwelt wieder heil werden. Innenwelt und Außenwelt entsprechen einander immer aufs genaueste!

Es gibt inzwischen eine breite Gegenbewegung. Menschen versuchen ihren Körper "wiederzufinden" und sich selbst und ihre Mitmenschen wieder ganzheitlich zu sehen. Ein Ausgleich größten Stils findet derzeit in unserem Kulturraum statt.

Es ist das Gesetz der Polarität: Schlägt das Pendel zur einen Seite aus, so schwingt es mit Sicherheit wieder in die andere Richtung.

Die starke Tendenz zur Rationalität der letzten zwei Jahrhunderte ist dabei, ihr Gegen-Teil zu finden.

Die Innerlichkeit und Spiritualität des Ostens geht langsam und stetig, wenn auch unter Schwierigkeiten, eine fruchtbare Verbindung mit der Rationalität des Westens ein.

Buddhistische Zentren entstehen in aller Welt.

Die östliche Medizin (z.B. Akupunktur) findet Eingang in westlichen Medizinerkreisen.

Im Osten beginnt man, die analytisch-empirischen Wissenschaften zu adaptieren und die westliche Technik zu nutzen.

Beide Bereiche, Ost und West, lernen voneinander. Jeder Teil für sich ist in seiner bisherigen Entwicklung an einen Endpunkt gekommen.

Beide Seiten werden in sich reicher durch das Sich-Öffnen zum anderen Pol hin.

Es ist an der Zeit, daß die Menschheit alle trennenden Gegensätze überwindet, um zu überleben.

Und *jede* Überwindung eines Gegensatzes ist ein Schritt zur Vervollkommnung des Menschen und der Menschheit.

Polarity ist ebenfalls ein Teil des Ost-West-Austausches. Wir Westler fangen damit an, das jahrhundertelang gewachsene Wissen um die Polaritäten von Yin und Yang für unsere innere und äußere Entwicklung zu nutzen.

Im Westen haben wir übrigens — auf unsere Weise — das Yin-Yang-Prinzip längst erkannt und genutzt, z.B. im Umgang mit der Elektrizität. Wir brauchen nur den Stecker in die Steckdose zu stecken und das Plus-Minus-Spiel erleichtert uns viele Arbeiten. Die Plus-Minus-Spannung stellt eine Kraft dar, die ganz konkret wirksam ist. Genauso ist es in unserem Körper.

Wenn Kopf und Körper zusammenarbeiten, kommt die Weisheit des Körpers mit dem Wissen des Kopfes in Verbindung. Eine neue-alte Einheit ist entstanden, die viel vitaler, lebenswirklicher und lebendiger ist als die wohlbekannte, aber sehr ineffektive Dualität Kopf-Körper.

Alle Evolution hat nur ein Ziel: den ganzheitlichen Menschen.

Übung:
Setze dich mit geradem Rücken auf einen Stuhl. Nimm Steißbein und Kopf als Polaritäten wahr. Lasse die Energie zwischen beiden Polen fließen.

Beobachte den Ablauf, aber greife nicht ein.

Stelle dich nun hin. Nimm deine Füße und deinen Kopf als Polaritäten wahr. Lasse die Energie auch zwischen diesen beiden Polen fließen.

Nimm wahr, wo der Fluß unterbrochen ist, wo er langsamer und schwächer wird.

Beobachte aber bewerte nicht!

Bewertest du, so tappst du schon wieder in eine Falle der Ratio. Die Lebensenergie kennt kein "gut" oder "schlecht".

Der Kopf ist der Sitz wichtiger Sinnesorgane: Zunge, Augen, Ohren, Nase. Sie sind wichtige Mittel zur Kommunikation.

Jeder von uns wird wohl schon einmal Schwierigkeiten mit diesen Kopforganen gehabt haben. Die Zunge war manchmal schwer oder belegt, die Augen trübe, Nase und Ohren verstopft. Behinderungen können auch als Auswirkungen energetischer Blocks in diesen Bereichen gesehen werden.

Viele Menschen sind auch im Gehirn durch festgehaltene Energie festgefahren. Ihnen ist etwas "zu Kopf gestiegen". Manch einer schlägt sich mit schweren Grübeleien herum oder seine Gedanken drehen sich im Kreis — der Mensch "rotiert". Der Volksmund kennt viele einschlägige Ausdrücke für Energieblockaden im Kopfbereich: "hartnäckig", "starrsinnig" etc.

Der Kopf ist bei uns westlichen Menschen ein sehr störanfälliges Organ, weil wir ihn mit Angelegenheiten befassen, die er schlecht oder gar nicht lösen kann. Wir versuchen etwas zu erkennen, was besser zu erfühlen wäre.

Wir versuchen etwas zu hören, worauf wir uns besser ganz einlassen sollten.

Wir versuchen etwas zu erdenken, was wir besser ergreifen und erfassen könnten.

Wir versuchen etwas zu schmecken, wo unser Herz sprechen sollte.

Wir "beißen" uns durch etwas hindurch, wo wir mit unseren Füßen gehen sollten.

Sieh dir doch mal dein Leben auf die Verlagerung von solchen Funktionen an.

Sinnvoll ist es, sich mit einem Partner oder Freund darüber zu unterhalten, da wir durch unsere Gewohnheiten für solche Verlagerungen oftmals schon blind geworden sind.

Ein sehr anfälliger Bereich für festgehaltene Energien ist die Gegend um den Okzipitalknochen.

Übung:

Dein Partner liegt auf dem Rücken. Massiere und drücke die Haut und die Muskulatur unterhalb des Knochens. Mit der linken Hand hältst du den Kopf und mit der rechten massierst und knetest du leicht an der rechten Seite des Hinterkopfes. Um die andere Seite zum massieren, nimmst du den Kopf in deine rechte Hand und arbeitest mit der linken.

Lasse dich bei der Arbeit in Bezug auf Dauer und in der Intensität von der Lebensenergie leiten. Sie vermittelt dir das Empfinden für das rechte Timing. Streiche die losgelöste Energie über die Schultern hin zu den Händen hin ab.

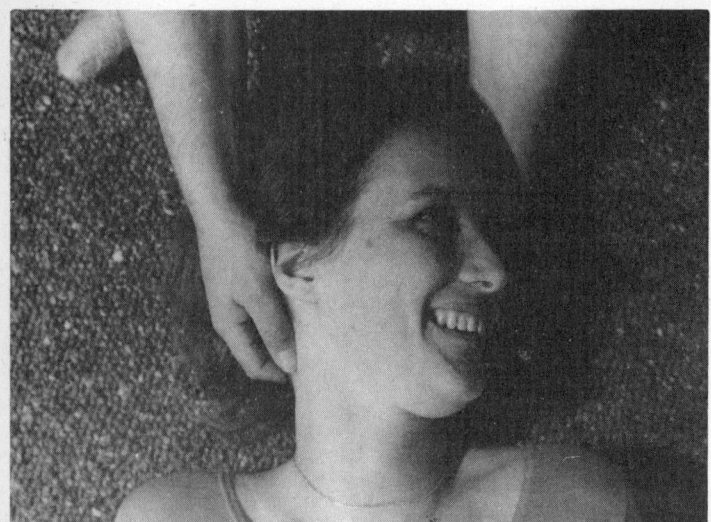

Bild 52: Linke Hand hält den Kopf, rechte Hand massiert am Okzipitalknochen.

Übung:
Eine immer wieder angenehm erlebte Massage ist die Gesichtsmassage. Es macht Freude zu sehen, wie der Partner sich zusehends entspannt und wie viele Körperenergien durch diese Massage ins Gleichmaß kommen.

Der Partner liegt auf dem Rücken, der Massagegebende kniet oberhalb des Kopfes. Es ist wichtig, daß die Hände des Massierenden warm sind.

Vergegenwärtige dir vor der Massage folgendes Bild:
Im Gesicht deines Partners ist sein ganzer Körper abgebildet.
Der Kopf ist über der Nasenwurzel auf der Stirn.
Der Hals korrespondiert mit der Nasenwurzel.
Die Schultern sind in den Augenbrauen zu finden.
Die Arme verlaufen vom Ende der Augenbrauen über die Wangen bis zur Mitte der Kaumuskulatur, wo die Hände ihre entsprechende Stelle haben.
Der Korpus wird von der Nase gebildet.
Die Geschlechtsorgane sind zwischen Nase und Oberlippe.
Die Beine gehen von den Nasenflügeln abwärts, etwa in Höhe der Mundwinkel sind die Knie, von dort aus verlaufen die Unterschenkel bis zur Kinngrube, 1/2 cm unter der Mitte der Oberlippe.
Die Füße liegen aneinander in der Mitte des Kinns.
Die Massage setzt grundsätzlich an der Nasenwurzel an, also am "Rumpf" des Menschen.

Du wirst bei einigen bewußteren Menschen feststellen, daß sich der im Gesicht angesprochene Teil des Körpers besonders gut entspannen kann.

Eine einzige Gesichtsmassage kann den ganzen Menschen entspannen. Wichtig ist eben, daß die Massagebewegungen von der Nasenwurzel aus ausgeführt werden.

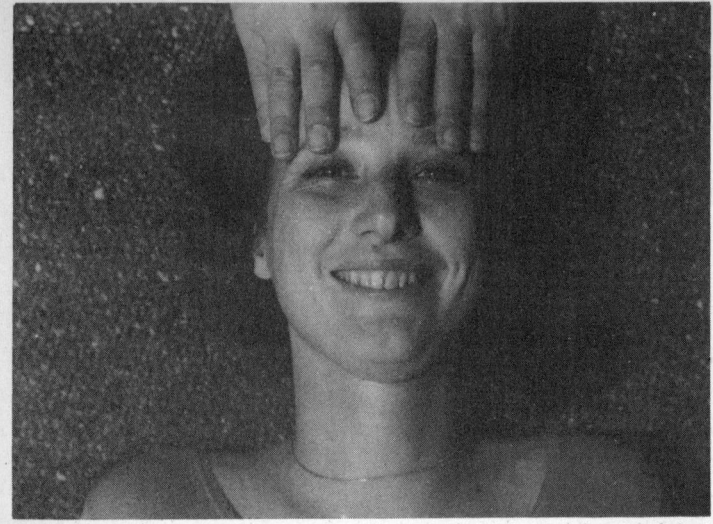

Bild 53: Partner liegend. Daumen liegen zur Erde gerichtet auf dem Kopf, die Finger massieren die Stirn.

Lege die Daumen so auf den Scheitel deines Partners, daß sie sich nicht berühren, und streiche mit den Fingern über seine Stirn. Dieser Polaritygriff kann den Kopf deines Partners öffnen, wenn er dazu bereit ist.

Viele Menschen haben einen kaum spürbaren, aber fast immerwährenden leichten Druck unter der Schädeldecke. Diese Energie kann dann losgelassen werden. Diese Befreiung bringt größere Bewußtheit.

Mit Polaritygriff Bild 54 kann die gesamte Energie des Kopfbereiches anfangen zu fließen. Festgehaltene Energie am Okzipitalknochen, in der Rachenhöhle, in den Zähnen, in und hinter den Augen und im vorderen Hirn kommt in Bewegung. Man setzt diesen Griff am besten nach dem Massieren am Okzipitalknochen ein. Besonders wirksam ist er, wenn er 2 - 3 mal in der Woche kurz angewandt wird. Die festgehaltenen Denkstrukturen können sich dann langsam lösen. Das festgefahrene Denken sieht vor dem inneren Auge wie Granit in den Köpfen aus. Dieser Granit sollte langsam abgetragen werden und nicht auf einen Schlag, wie mit Dynamit gesprengt werden.

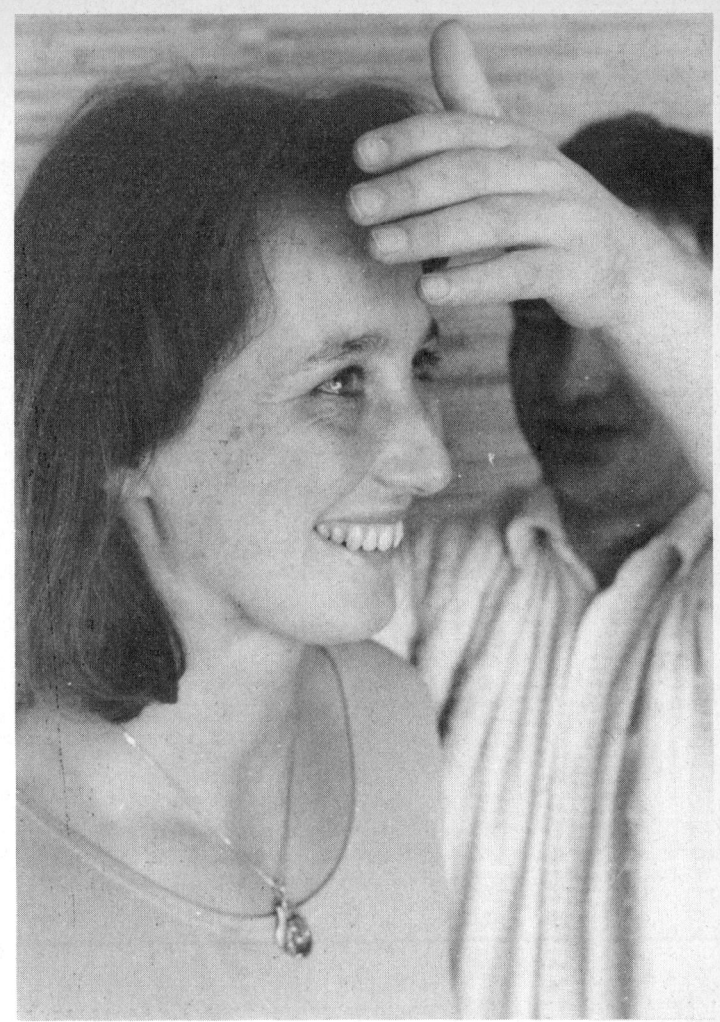

Bild 54: Rechte Hand an der Basis des Okzipitalknochens, linke Hand vor der Stirn.

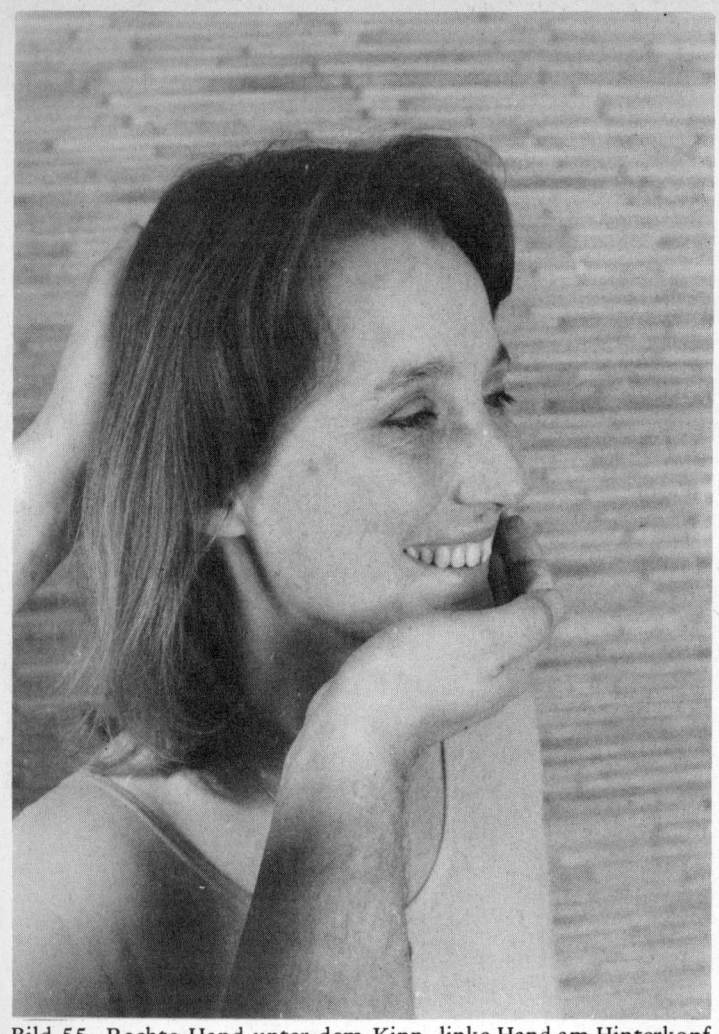
Bild 55: Rechte Hand unter dem Kinn, linke Hand am Hinterkopf in der Mitte.

Das oberflächliche, vordergründige Denken kann mit dem Energiefluß zwischen deinen Händen abgestellt werden. Es ist das "wilde" Vor-sich-hindenken. Bei dieser Art des Energiestaus hält sich der Mensch zwanghaft mit Vordergründigkeiten auf. Eine echte Begegnung von Mensch zu Mensch, von Herz zu Herz kann so nicht stattfinden, genausowenig eine echte Auseinandersetzung mit Menschen oder Problemen.

Der folgende Polaritygriff kann das Denken von überflüssigem Ballast befreien und das Potential für eine echte Analyse und Strukturierung freisetzen.

Bild 56: Rechte Hand auf dem Hinterkopf, linke Hand auf der Stirn, Richtung Nasenwurzel.

Durch den Fluß, der zwischen den Polen entsteht, wird der obere Bereich des Kopfes von festgehaltenen Energien befreit. Außerdem wird ein Teil der starren Energie hinter den Augen in Bewegung gebracht.

In und auf dem Gesicht sitzen die Masken, die die Menschen einander so gerne zeigen. Diese Masken kommen zustande durch über das gesamte Gesicht verteilte, im Zusammenspiel geübte Energienblöcke. Das "wahre Gesicht" bleibt dahinter versteckt. Freilich gibt es nicht *das* wahre Gesicht, denn Maskenlosigkeit bedeutet soviel wie *Vielfalt* der Ausdrucksmöglichkeiten des Menschengesichts.

Bekannte Masken sind: der Depressive, das Pokerface, das Keepsmiling, der Clown, die beleidigte Schönheit, der ausdruckslose Ausdruck usw...

Der Mensch zeigt seine augenblickliche Identität, aber nicht seine Individualität. Die meisten Menschen sind im Gesicht so stark eingefroren, daß sie dem Träger nicht mehr bewußt sind.

Übung: Stelle dich vor einen Spiegel und schau dir ins Gesicht. Erkennst du eine chronische Maske?

Betaste dein Gesicht.

Findest du größere oder kleinere Muskelverspannungen?

Probiere vor dem Spiegel ein neues Gesicht. Setze ein Gesicht nach dem anderen auf. Lerne deine Gesichtsmasken kennen!

Was ist dein wirkliches, individuelles Gesicht?

Kannst du es finden?

Probiere immer weiter "deine" Gesichter aus, damit du ein Bewußtsein für den Gesichtsausdruck entwickelst.

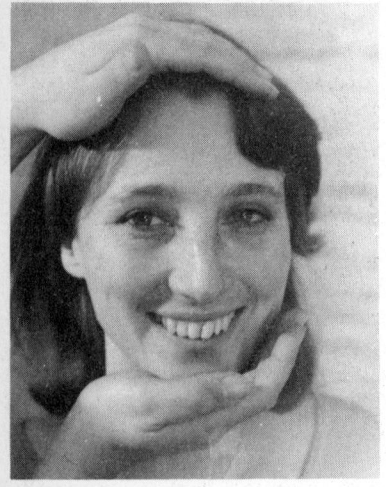

Bild 57: Rechte Hand unter dem Kinn, linke Hand auf dem vorderen Schädeldach.

Die Lebensenergie durchflutet das Gesicht. Zunächst mag, wenn die Masken sehr fest sitzen, die Energie nur über die Haut strömen, sie findet jedoch von selbst den Weg in und durch die tieferen Schichten des Gewebes.

Chronisch festgehaltene Energie in den Zähnen, der Nase, der Nasennebenhöhle, der Augen und der Stirnhöhle wird gelöst.

Eine Entspannung der gesamten Gesichtsmuskulatur ist die Folge.

Der Mensch bekommt mehr Ausdrucksmöglichkeiten, um sich durch sein Gesicht zu zeigen.

Meist befindet sich eine Blockade um den Mund, rund um die Lippen. Der Fluß der Lebensenergie durch das Gesicht trägt zur Verminderung und Auflösung dieser "Maulsperre" bei. Es besteht ein Zusammenhang zwischen dem Energiering um den Mund und demjenigen um die Genitalien. In beiden Ringen steckt das Verbot, bestimmte Bereiche des Daseins lustvoll zu erleben.

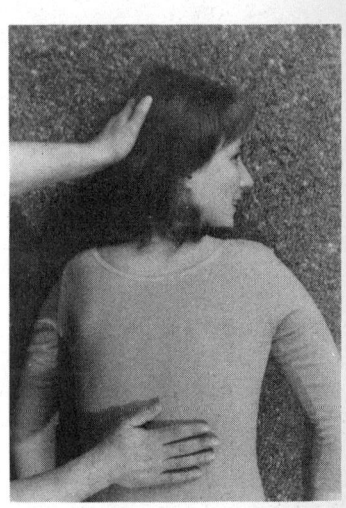

Bild 58: Partner in Bauchlage. Linke Hand am Hinterkopf, rechte Hand in der Mitte des Rückens auf der Wirbelsäule.

Der oben gezeigte Polaritygriff läßt die Energie durch den Nacken laufen und löst am Okzipitalknochen Blockaden. Energien, die sich durch psychische Nackenschläge festgesetzt haben und dort festgehalten wurden, lösen sich auf. Der Nacken kann sich neu ausrichten und wird beweglicher.

Menschen mit einem beweglichen Nacken haben bedeutend weniger unter Kopfschmerz zu leiden als andere.

Eine Variation dieses Griffes besteht darin, die rechte Hand auf die Wirbelsäule zwischen die Schulterblätter zu legen und die linke auf die Stirn. Teste selbst die Wirkung der Griffe.

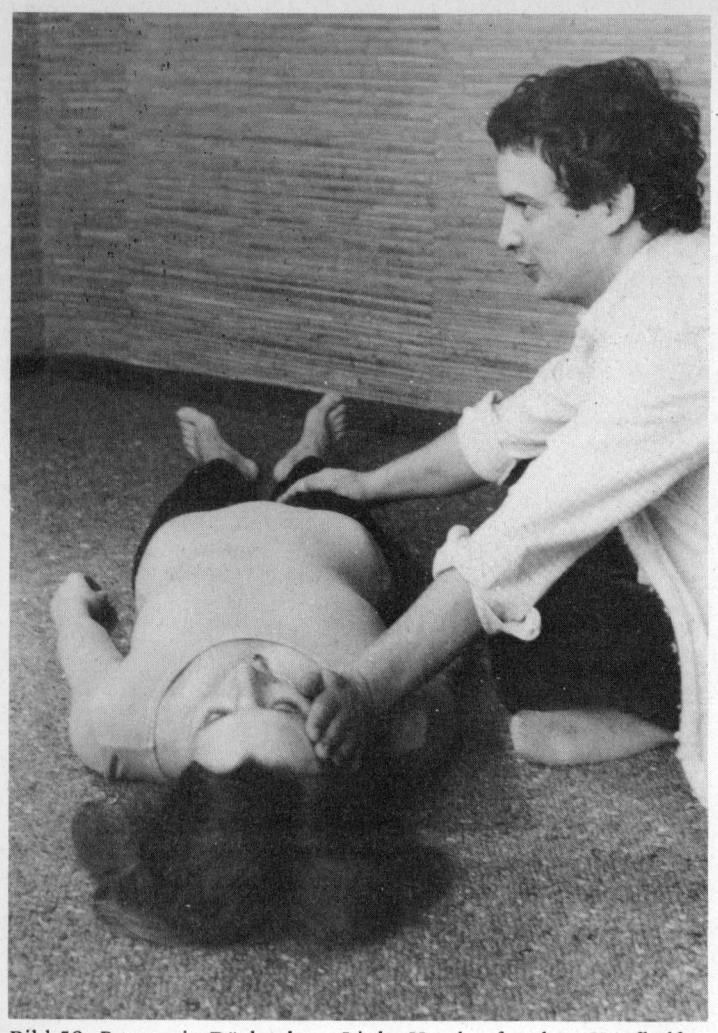

Bild 59: Partner in Rückenlage. Linke Hand auf rechter Kopfhälfte, rechte Hand auf rechtem Oberschenkel.

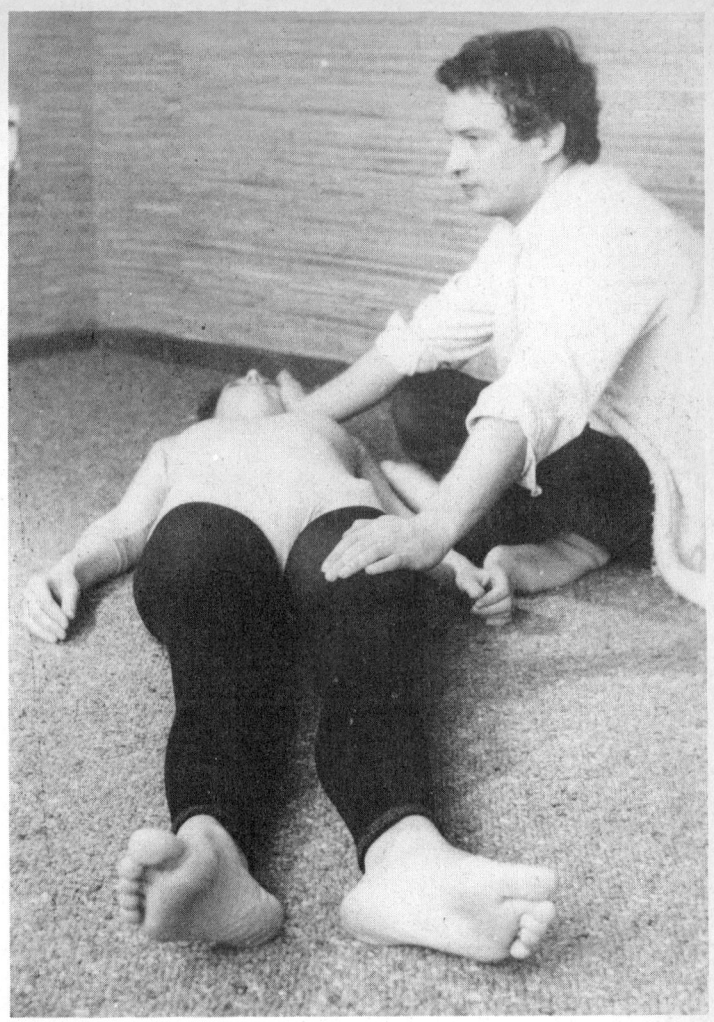

Bild 60: Rechte Hand auf linker Kopfhälfte, linke Hand auf linkem Oberschenkel.

Die auf Bild 59 und 60 dargestellten Polaritygriffe zeigen, wie Kopf und Beine miteinander verbunden werden. Die Energie fließt über die Vorderseite des Körpers ab.

Soll die Verbindung in der Rückseite des Körpers hergestellt werden, liegt der Partner auf dem Bauch. Deine linke Hand ruht auf der Rückseite des rechten Oberschenkels und deine rechte an seiner rechten Kopfhälfte.

Danach legst du deine linke Hand an seine linke Kopfseite und deine rechte Hand auf die Rückseite des rechten Oberschenkels.

Dabei fließt die Energie durch das Gesäß, den Rücken, den Nacken zum Kopf hin.

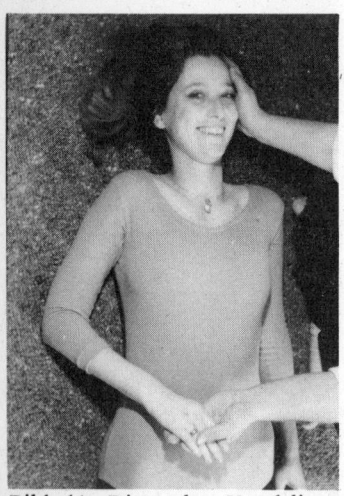

Bild 61: Die rechte Hand liegt an der linken Kopfhälfte, die linke Hand hält die rechte Hand des Partners.

Bild 62: Die linke Hand liegt an der rechten Kopfhälfte, die rechte Hand hält die linke Hand des Partners.

Die linke Gehirnhälfte ist eher mit den ästhetischen Dingen beschäftig und tendiert damit zum kreativen Handeln, die rechte Gehirnhälfte ist aufnehmend orientiert. Die linke Gehirnhälfte steht also mit der rechten Hand in Verbindung und die rechte mit der linken Hand.

Durch diesen Polaritygriff wird die Verbindung der jeweils korrespondierenden Teile verstärkt oder hergestellt.

Die Chakras

Chakras sind Energiepunkte, die in bestimmten Bereichen des Körpers zu finden sind. Der Zustand eines oder der Gesamtheit der Chakras zeigt den Entwicklungsstand des Menschen in einem speziellen Bereich (Chakra) oder im gesamten an.

Chakras bei einem wenig entwickelten Menschen strahlen nur mit geringer Intensität oder sie sind ganz geschlossen. Bei einem weiter entwickelten Menschen strahlt ein Chakra pulsierend und vital weit über den Körper hinaus. Das Wort Chakra kommt aus dem Sanskrit und bedeutet "Rad", weil ein Chakra als rundes Energiezentrum sichtbar ist, dessen Energie sich spiralförmig dreht.

Es gibt verschiedene Aussagen über die Lage und die Funktion der Chakras. Manche Autoren gehen von drei, andere von sieben oder neun oder elf Chakras aus.

Ich habe festgestellt, daß Chakras mit gleichen Funktionen an von einander abweichenden Stellen im Körper sein können. Es ist nur nicht klar, ob sie wandern oder ob sie an ihrem Platz angeboren sind.

Es ist aber relativ leicht festzustellen, wo sich ein halbwegs geöffnetes Chakra befindet.

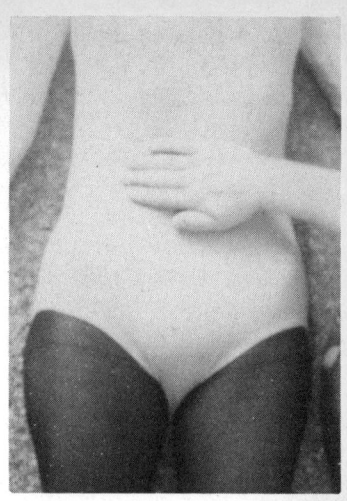

Bild 63: Partner in Rückenlage.
Linke Hand über dem Bauch.

Übung: Der Partner liegt auf dem Rücken, du befindest dich an seiner linken oder rechten Seite. Die linke Hand gleitet in einer Höhe von etwa zwei bis drei Zentimeter über die Mitte des Bauches.

An einigen Stellen über dem Bauch wirst du in deiner Hand ein leichtes Kribbeln, Wärme oder einen Energiestrom, der von deinem Partner kommt, erspüren.

Am leichtesten ist dieser Energiestrom kurz unter dem Nabel oder in der Gegend des Solarplexus aufzufinden.

Suche nun mit der linken Hand weitere Energiepunkte in der Mitte des Körpers deines Partners.

Manchmal wird der Energiestrom kaum spürbar sein. Läßt du dann deine Hand über dem schwächer arbeitenden Chakra ruhen, wird sich in kurzer Zeit der Energiestrom verstärken; gehe dann mit der Hand etwas höher, so, daß du immer noch einen leichten Kontakt mit der Energie hast.

Die Lage der Chakras

Die Chakras befinden sich wahrscheinlich an folgenden Punkten des Körpers:

Das erste Chakra bei Männern am unteren Ende der Wirbelsäule, bei Frauen zwischen den Eierstöcken,

das zweite Chakra unter dem Buchnabel,
das dritte Chakra am Solarplexus,
das vierte Chakra in der Mitte der Brust,
das fünfte Chakra am Kehlkopf,
das sechste Chakra über der Nasenwurzel,
das siebente Chakra auf dem Schädeldach.

Es gibt noch jeweils ein Chakra in jeder Hand und in jedem Fuß.

Das erste Chakra (Wurzelchakra) hat die Funktion, die Harmonie mit der Erde herzustellen. Außerdem reguliert es die Überlebensmechanismen. Ist der Mensch in einer lebensbedrohlichen Situation, so arbeitet dieses Chakra auf Hochtouren. Im Verhalten stellt sich dies so dar, daß der betreffende Mensch alle Aufmerksamkeit darauf richtet, die Grundfunktionen seines Lebens zu erhalten.

Ein gesundes Wurzelchakra sichert die besten Überlebensmöglichkeiten unter welchen Bedingungen auch immer.

Zum Überleben der Menschheit gehört auch seine Fortpflanzungsmöglichkeit. Diesem ersten Chakra obliegt also auch die Regulierung der Sexualorgane.

Ist dieses Chakra nicht voll funktionstüchtig, ist der Mensch deprimiert und kaum in der Lage, für sich selbst zu sorgen. Menschen mit einer gesunden Sexualität sind ausgesprochen lebenstüchtig, und solche mit einer deformierten Sexualität haben immer Schwierigkeiten, das Leben zu sichern. Ist das Wurzelchakra chronisch geschlossen, so fällt der Mensch aus der Harmonie mit seiner Umwelt in ein inneres und äußeres Chaos. Er ist entzweit mit seinen Lebensbedingungen. Er entwickelt eine ihm eigene Vorstellung über die "Realität" und er handelt meist der Umwelt gegenüber unangemessen. Dies muß so sein, weil die Verbindung nach außen über das erste Chakra blockiert ist und die richtigen Informationen als Grundlage des Handelns nicht zur Verfügung stehen.

Das zweite, sogenannte Vitalitätschakra, findet man unter dem Bauchnabel, etwa dort, wo die Schnalle eines Hosengürtels sitzt.

Mit Hilfe dieses Chakras stellen wir die körperliche und geistige Stabilität her. Ein Mensch mit gesundem Vitalitätschakra ruht in sich so sicher "wie in Abrahams Schoß".

Weiterhin nehmen wir mit Hilfe dieses Chakras einen Teil der Gefühle unserer Mitmenschen wahr. Es reguliert auch zum Teil unser erotisches Empfinden und hilft uns bei der Partnersuche.

Ein nicht funktionstüchtiges Vitalitätschakra bringt für den betreffenden Menschen manche Unannehmlichkeit mit sich. Er fühlt sich "außer sich", hat keine ausreichende Antenne für die Gefühle seiner Mitmenschen, fühlt sich wie abgeschnitten. Seine Kraft kann er nur aus sich selbst schöpfen, d.h. er ist schnell ausgelaugt.

Das dritte Chakra — Milzchakra — ist das Zentrum, von dem aus die psychischen und physischen Energien verteilt werden. Ein harmonisch arbeitendes Milzchakra läßt den Menschen im rechten Augenblick psychisch und physisch beweglich sein.

Das heißt nicht, daß es nicht manchmal zu Schwierigkeiten im Bewegungsablauf kommen könnte. Die Ursache liegt dann in den noch nicht genügend aufgelösten Blockaden im Bereich der Extremitäten.

Ein gut arbeitendes Milzchakra bringt das Potential für eine körperlich-geistige Harmonie.

Wenn der Mensch in diesem Bereich Angst verspürt, was wohl jeder kennt, ist die Bewegungsfähigkeit eingeschränkt. Der "Schlag in den Magen" macht den Betroffenen bis zu einem gewissen Grad aktionsunfähig.

Ist das Milzchakra dauernd geschlossen, so staut sich im Magenbereich Wut an, die nicht abgelassen werden kann. Trotz der potentiell großen Kraft, fühlt sich der Mensch kraftlos, unruhig, gehemmt. Wenn er auf seine Bewegungen achtet, wird er entdecken, daß sie disharmonisch sind.

Die Kraft sitzt im Bauch fest und findet nicht den Weg in die Glieder.

Die unteren drei Chakras, das Wurzel-, Vitalitäts- und Milzchakra, sind mit der Regulierung der existenziellen Bedürfnisse des Menschen befaßt.

Viele Menschen kommen in Selbsterfahrungsgruppen, um sich, was meist zunächst unausgesprochen bleibt "geistig weiterzuentwickeln.". Dieses Bedürfnis ist aber oft ein Zeichen dafür, daß die "unteren materiellen" Bereiche nicht ausreichend befriedigt sind.

Manche versuchen sogar mit Hilfe der geistigen Entwicklung der Auseinandersetzung und Veränderung im "unteren" Bereich zu entfliehen.

Die Folge ist, daß der Körper immer weiter abgelehnt wird und dadurch die schon vorhandene Dualität Körper-Geist Gefahr läuft, noch mehr verstärkt zu werden. Als Folge kommt der Mensch immer schlechter im Leben zurecht. Trotz einer geistigen Höherentwicklung bleibt eine allgemeine, diffuse Lebensangst, ein vielleicht linkisch-unsicheres Verhalten, sexuelle Schwierigkeiten, eine latent vorhandene Ablehnung der eigenen Körperlichkeit.

Die "Höherentwicklung" ist dann genauso wenig fundiert wie ein Wolkenkratzer, der auf Sand gebaut ist.

Das vierte Chakra, das Herzchakra, ist für die Harmonisierung der Energie im Brustbereich zuständig. Derjenige, bei dem dieses Chakra gut arbeitet, ist ein "Mensch mit Herz", ein Liebender. Er ist offen für die Bedürfnisse und Schwingungen seiner Umgebung. Sein Herz schlägt für die Menschen und alle Kreaturen. Er liebt sich selbst.

Ist das Herzchakra geschlossen, ist der liebevolle Austausch nicht mehr möglich.

Die meisten Menschen, bei denen dies der Fall ist, haben in ihrem Leben, zumal als Kinder, wenig oder keine Liebe erfahren. Das Chakra wurde endgültig geschlossen, wenn ihre Liebe keine Erwiderung fand.

Die Folge ist oft innere Einsamkeit, Verlassenheitsgefühle und oftmals andauernde Schwierigkeiten in Partnerschaften. Eine weitere Folge ist Ich-Haftigkeit, Anhängen an Sentimentalitäten und an weltlich-materiellen Gütern. Unsere mitteleuropäische Gesellschaft besteht zur Zeit größtenteils aus Menschen mit verschlossenen Herzen. Ein herzlicher Austausch von Gütern, Gefühlen, Worten findet kaum noch statt.

Das fünfte Chakra, das Individualitätschakra, harmonisiert die Kommunikation und die individuelle Ausdrucksfähigkeit. Ist es geschlossen, so kann die Individualität durch Stimme und Bewegung der oberen Extremitäten nicht zum Tragen kommen.

Solche Menschen wissen nicht, wer sie wirklich sind; sie haben ihre Individualität nicht gefunden. Stattdessen leben sie nur durch Identifikation, verfangen in Gedanken- und Vorstellungswelten. Menschen mit geöffnetem Halschakra leben sich selbst, anstatt auf

Identifikationen hereinzufallen. Sie sind anwesend, sind aus sich heraus kreativ, sind bei sich.

In unserer Kultur sind geschlossene Herz- und Halschakren üblich. Es ist zu einer weit verbreiteten Krankheit geworden, sein Herz nicht zu öffnen und sich selbst nicht zu zeigen.

Das sechste Chakra, das Stirnchakra, dient dem geistigen Überblick. Menschen mit geschlossenem Stirnchakra kennen wir alle: sie haben den Kopf — den Überblick — verloren. Dieser Verlust geht oft mit einem leichten Druck oder mit Kopfschmerz einher.

Ein geöffnetes "Drittes Auge" erlaubt eine größere Weitsichtigkeit sowie eine erhöhte Fähigkeit, sich selbst zu erkennen.

Ein Mensch mit geöffnetem "Dritten Auge" kann das Wesen der Dinge schauen.

Das siebente Chakra, das Kronenchakra, sorgt für eine stetige Bewußtseinserweiterung. Es krönt den Menschen. Ist es offen, so besteht Zugang zu einer allumfassenden Erkenntnis. Durch die in diesem Chakra arbeitende Lebensenergie wird der Mensch stetig gereinigt und zu immer größerer Entfaltung seines Seins geleitet.

Durch Übung kommt Erfahrung,
durch Erfahrung kommt Wissen,
nach dem Wissen kommt die Intuition,
nach der Intuition kommt das direkte Handeln.

Abweichungen vom Normalzustand

Die Chakras können verschiedene Arten der Abweichung von ihrem Normalzustand aufweisen.

Chakras können zu wenig Energie für die Erfüllung ihrer Funktionen haben; genauso können sie mit Energie überladen sein. Die Chakras können gebrochen, chronisch verschlossen oder verschmutzt sein. Sie können auch von der Lebensenergie im Rücken abgeschnitten sein.

Bild 64: Seitenansicht — Chakra eingezeichnet.

Bild 64 zeigt das Energiebild eines gesunden Chakras von der Seite gesehen. Es ist mit der Lebensenergie im Rücken durch einen Stengel verbunden und öffnet sich nach vorne wie ein Kelch.

Überladene Chakras sind meist am Kelch von einer Wolke aus dunkler Energie umgeben. Unterladene Chakras wirken dünn, verhärmt, wie unterernährt.

Überladen wird ein Chakra, wenn der Mensch Fragestellungen, die z.B. durch und mit Hilfe des Vitalitätschakras gelöst werden müßten, stattdessen mit Denken zu lösen versucht. Die Energie des Vitalitätschakras wird, wenn die Überladung länger andauert, in den Kopf zum Stirnchakra hin abgebogen und dort festgehalten; Sie verursacht eine chronische Denkstörung und einen chronischen Mangel an Vitalität.

Gebrochene Chakras sind gänzlich aus ihrer Funktion gekommen. Die Ursache dafür sind traumatische Erlebnisse, die so stark auf den Funktionsbereich des Chakras wirkten, daß dieses zerbrach.

Verschmutzte Chakras sind mit festgehaltener Energie angefüllt. Dies bewirkt, daß das Fließende zwischen Innen und Außen nur in bestimmten Berichen der Chakrafunktion wirksam werden kann. Die ankommenden und ausgesandten Informationen sind nur Teilinformationen und damit unklar.

Chronisch geschlossene Chakras sind die häufigsten Störungen. Es ist gerade so, als ob ein solches Chakra überhaupt nicht da wäre. Der Mensch ist in diesem Bereich "zu".

Neben den sieben Hauptchakras existieren vier Nebenchakras in den Händen und Füßen.

Das Chakra der rechten Hand ist für die Regulierung des Energiestroms nach außen zuständig. Ist der Energieverlauf oder das Chakra durch irgendwelche Blockaden in Mitleidenschaft gezogen, kommt der Mensch nicht zum rechten Handeln. Das Chakra der linken Hand reguliert die Aufnahme der Energie von außen.

Bestimmte Arten von Gefühlen, Informationen und Empfindungen werden damit auf energetische Weise angenommen und im Menschen registriert. Kann dieses Chakra nicht voll funktionieren, hat der Mensch Schwierigkeiten, die Impulse aus der Außenwelt richtig zu empfangen.

Die beiden Handchakras sind für unsere Polarityarbeit besonders wichtig, da die energetisch positiv und negativ (rechts - links) geladenen Ströme durch sie hindurchfließen.

Übung:

Halte die Hände so vor die Brust, daß die Handflächen mit etwas Abstand einander gegenüberstehen und lasse die Energie zwischen ihnen fließen.

Sieh dir die Chakras der linken und rechten Hand an. Schließe sie zunächst halb und dann ganz, dann öffne sie wieder.

Du wirst feststellen, daß durch das Öffnen und Schließen der Chakras der Energiefluß verstärkt bzw. gemindert wurde. Die beiden Fußchakras regulieren den Energieaustausch zwischen Mensch und Erde, wie die Handchakras zwischen Mensch und Umwelt.

Alle Chakras sollten mit der Lebensenergie, die im Rücken durch die Wirbelsäule läuft, verbunden sein.

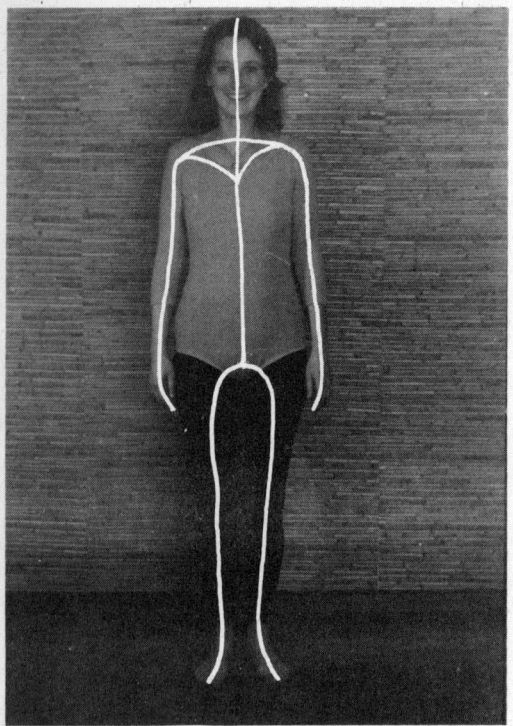

Bild 65: Mensch stehend — Energieverlauf eingezeichnet.

Übung:
Sieh dir mit deinem inneren Auge deine Chakras an! Du kannst die Chakras nach den Kriterien, die oben beschrieben wurden, betrachten. Du kannst aber auch die Chakras in ihrer Beschaffenheit auf dich wirken lassen und dir Gefühle und Empfindungen dazu kommen lassen.

Betrachte und bewerte nicht!

Übung:
Sieh dir dein rechtes Fußchakra an. Lasse es sich öffnen. Zunächst nur wenig, dann halb, dann ganz.

Fühle nach, was sich verändert.
Öffne nun auch dein linkes Fußchakra.
Was ändert sich in deinem Befinden?
Öffne sie oder schließe sie soweit, daß du dich wohlfühlst.
Mache das gleiche mit den anderen neun Chakras.
Sei dir im klaren darüber, daß nicht immer alle Chakras offen sein müssen.

Mit der Zeit, wenn du diese Übung öfters machst, wirst du ein besseres Empfinden für diese Energieregulatoren bekommen und in den verschiedenen Situationen die richtigen Chakras offen lassen bzw. schließen.

Arbeit an den Chakras

Polarity kann die gestörte Arbeit der Chakras wieder in Gang bringen.

Fange mit diesem Bereich der Polarity erst an, wenn der Fluß der Lebensenergie im Rücken stark genug ist, um mit einem Chakra verbunden zu werden.

Fließt die Lebensenergie im Rücken bis zum Milzchakra, solltest du auch nur mit den unteren drei Chakras arbeiten. Die Lebensenergie muß zuerst bis zum Herzchakra laufen, um dort eine sinnvolle Verbindung herstellen zu können. Wir arbeiten in der Polarity mit den Chakras von unten nach oben.

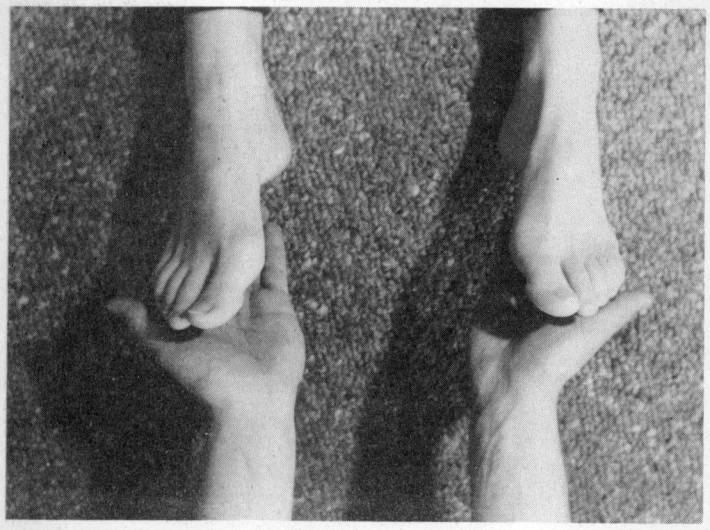

Bild 66: Partner liegend. Rechte Hand in etwa 2 cm Abstand unter der linken Fußsohle, linke Hand in etwa 2 cm Abstand unter der rechten Fußsohle.

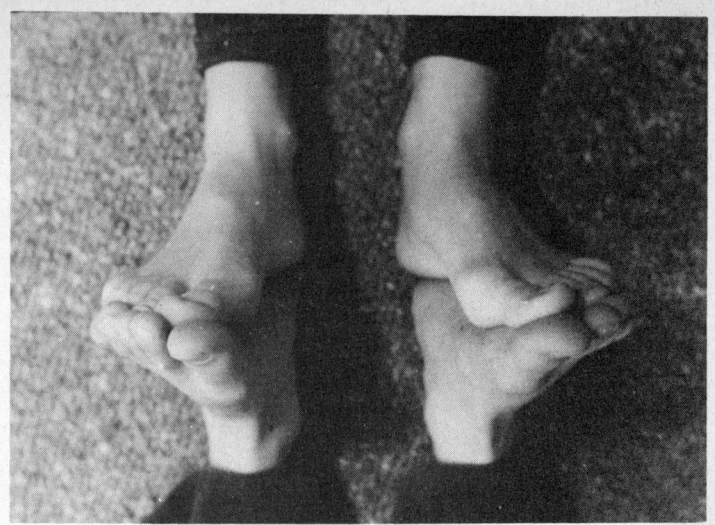

Bild 67: Partner legen die Füße mit den Fußsohlen aneinander.

Beide Übungen helfen, die Fußchakras zu reinigen, zu öffnen, und, wenn nötig, besser auszurichten.

Die Übung auf Bild 66 ist besonders für Einzelpolarity und die Übung auf Bild 67 für Polaritygruppen geeignet.

Übung:
Sieh dir bei deinem Partner den Zustand der einzelnen Chakras an.

Vielleicht siehst du z.B., daß die unteren Chakras gesund sind, das Herzchakra aber geschlossen ist, achte dann auf den Lauf der Lebensenergie im Rücken, ob sie bis zur Höhe des Chakras läuft, und ob sie dort, wo der "Stengel" des Chakras in sie einmünden sollte, geschwächt ist, sollte das der Fall sein, arbeite erst an der Verstärkung und Stabilisierung der Energie im Rücken.

Wenn du die Energie verstärkt hast, lege deine rechte Hand zwischen die Schulterblätter deines Partners, dort, wo der Stengel des Chakras einmünden sollte; die linke Hand legst du auf die Brust, dort, wo der Kelch ist, bzw. sein sollte.

Sieh dir dann genau mit deinem inneren Auge an, wie die Energie fließt. Es ist manchmal so, daß zunächst kein Energiestrom sichtbar ist. Die Lebensenergie braucht Zeit, um sich durch die vielen Blockierungen vorzuarbeiten. Die feste Energie ist oft wie eine Bleiplatte, die schwer und massiv im Brustkorb sitzt.

Jahrelang deformierte oder geschlossene Chakras lassen sich nicht in kurzer Zeit "reparieren".

Bleibe aufmerksam und lasse dich von deinen Händen leiten. Der Partner, der längere Zeit mit einem kranken Chakra lebte, muß sich auf den Genesungsprozeß einstellen können.

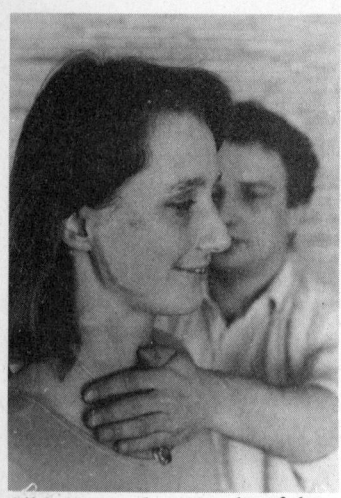
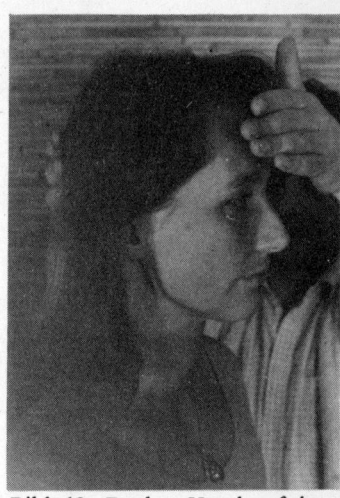

Bild 68: Rechte Hand auf dem Nackenanfang, linke Hand auf dem Kehlkopf.

Bild 69: Rechte Hand auf dem Hinterkopf, linke Hand kurz vor der Stirn.

Die Arbeit am Halschakra muß mit der Polarisierung des gesamten Schulter-Nacken-Arm-Bereichs einhergehen.

Sind in diesen Körperteilen die Bahnen der Lebensenergie nicht ausreichend stabil, so fehlt die Grundlage für eine Polarisierung des fünften Chakras.

Die volle Wiederherstellung der Funktionsfähigkeit des Stirnchakras ist verbunden mit der Reinigung des Kopfes von festgehaltener Energie. Das kann ein längerwährender Prozeß sein, da die Heilenergie zwischen deinen Händen zunächst erst um den Kopf herum, über die Kopfhaut läuft, bevor sie den Weg ins Innere findet.

Der Kopf ist zu voll, angefüllt mit kreisenden Gedanken, uralten Vorstellungen, die dem Menschen den Blick auf das Jetzt verstellen: Grübeleien um die Zukunft oder um Vergangenes — Gedanken, die niederdrücken oder verrückt machen.

Eine Reinigung des Kopfes von festgehaltener Gedankenenergie geht meist über einige Wochen, da viele liebgewordene und gewohnte Gedanken und Vorstellungen losgelassen werden müssen.

Bild 70: Rechte Hand am Okzipitalknochen, linke Hand auf dem Schädeldach.

Durch diesen Polaritygriff kann das Kronenchakra gereinigt werden. Die "Denkplatte", die bei den allermeisten Menschen vorhanden ist, wird aufgelöst. Ist sie verschwunden, kann das objektive Denken einsetzen.

Das Ausgleichen der Chakraenergien

Übung:
Dein Partner legt sich auf den Rücken. Betrachte die Energieverteilung der Chakras genau.

Lasse, was du siehst, auf dich wirken, ohne dir Gedanken darüber zu machen. Frage dich, wie die Energien im einzelnen und untereinander ausgeglichen werden sollten.

Die Antwort liegt in deinen Händen. Lasse dich von ihnen zu den Chakras führen, die durch die fließende Lebensenergie zwischen deinen Händen ausgeglichen werden sollen. Die innere Weisheit deiner Hände weiß auch, wie lange der Polaritygriff gehalten werden soll. Sie gibt dir an, ob du deine Hände direkt auf dem Körper, einige Zentimeter darüber, oder 30 cm über dem Chakrabereich plazieren solltest.

Beispiele für Polaritygriffe zum Energieausgleich der Chakras:

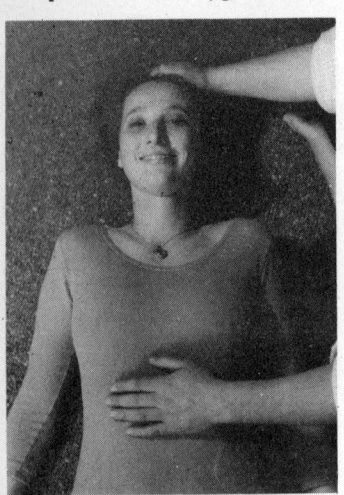

Bild 71: Rechte Hand auf dem Kronenchakra, linke Hand auf dem Milzchakra.

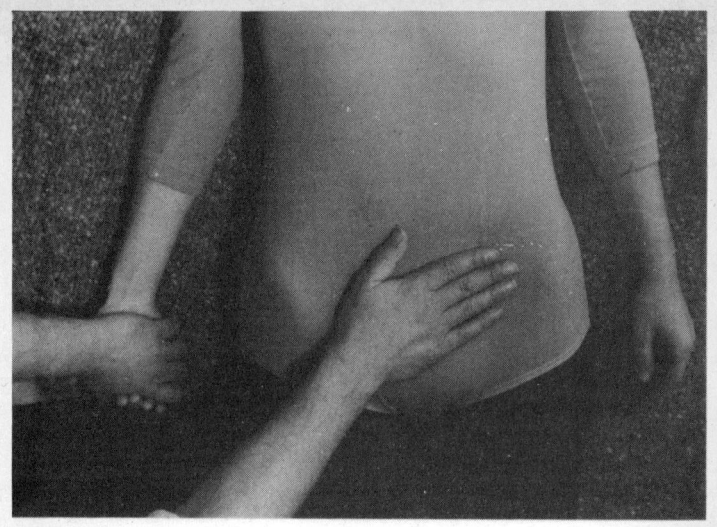

Bild 72: Linke Hand in der rechten Hand des Partners, rechte Hand auf dem 2. Chakra.

Beachte: Alle Chakras können miteinander ausgeglichen werden.

Auf Bild 71 wird die überschüssige und festgehaltene Energie des Kronenchakras zu ihrem Ursprungsort, dem Milzchakra zurückgeleitet.

Bild 72 zeigt, wie die festgehaltene Energie im Vitalitätschakra in das Chakra der rechten Hand geleitet wird.

Polarityübungen

Das Wahrnehmen von Polaritäten – Übungen

Nimm die einzelnen Teile, die hier in der Gegenüberstellung aufgeführt sind, gleichzeitig als Polaritäten wahr. Diese Übung dient dem Bewußtmachen von Polaritäten, die auszugleichen sind.

linkes Bein	rechter Arm
rechtes Bein	linker Arm
oberer Körper	unterer Körper
linke Körperhälfte	rechte Körperhälfte
Steißbein	Kopf
Füße	Becken
Körper	Geist
Brust und Bauch	Rücken
rechte Hand	linke Hand
Beine	Arme
Hals	Nacken
Kopf	Körper
linkes Ohr	rechtes Ohr
Genitalien	Körper
festgehaltene Energie	fließende Energie
ich	das Du
ich	der Raum, in dem ich bin
ich	die Natur
ich	die Erde
ich	die Sonne
ich	das All

sei Luft   sei Erde
sei Wasser   sei Feuer
sei Feuer, Wasser, Erde, Luft
   sei Kreis   sei Quadrat
sei Energie   sei Nicht-Energie
sei was du bist   sei was du nicht bist

Du wirst feststellen, daß es dir bei einigen Polaritäten leichter fällt, die Einheit wahrzunehmen als bei anderen. Wenn du möchtest, wiederhole diese Übungen immer wieder.

Übung:

Nimm einen Gegenstand, lege oder stelle ihn vor dich hin (Er sollte zunächst möglichst aus natürlichem Material sein.) Konzentriere dich auf ihn. Nimm ihn als Polarität zu dir wahr. Lasse die Energie zwischen euch fließen.

Übung:

Bitte einen Mitmenschen, folgende Übung mit dir zu machen:
Ihr stellt euch im Abstand von 1,5 − 2 Meter gegenüber, mit dem Gesicht zueinander, schaut euch eine Weile an, schließt dann die Augen und konzentriert euch aufeinander.

   Jeder nimmt den anderen als Polarität zu sich wahr.

   Laßt die Energie zwischen euch fließen.

   Wiederholt diese Übung wieder und beobachtet, wie eure Beziehung sich entwickelt.

Übung:

Knie dich hin, beuge deinen Oberkörper soweit nach vorne, daß die Stirn den Boden berührt. Lege die Arme neben den Kopf.

   Lasse alles los, leere dich.

   Wenn du vollkommen entleert bist, erhebe dich, strecke deine Arme gegen den Himmel und laß dich von der von oben kommenden Energie erfüllen.

   Entleere und erfülle dich mindestens siebenmal hintereinander. Entscheide, ob du entleert oder erfüllt die Übung beendest. Nimm den Unterschied der Polaritäten leer-voll in ihrer gesamten Bedeutung wahr.

Übung:
Stelle dich hin. Achte darauf, daß beide Füße gleich belastet sind.

Bilde dann vom ersten Chakra aus eine energetische Verbindung durch Beine und Füße zur Erde und ihrem Mittelpunkt.

Lasse von deinem zweiten Chakra aus eine Verbindung zum ersten Chakra entstehen, so daß du auch mit diesem Chakra geerdet bist.

Verbinde so alle Chakras miteinander.

Ab dem Halschakra lasse auch die Energie durch die Arme und Hände in die Erde abfließen.

Ist die Verbindung mit dem Kronenchakra hergestellt, lasse den Energiestrahl weiter zur Sonne gehen und ihn in sie einmünden.

Übung:
Stelle dich hin. Halte beide Arme ausgestreckt vor der Brust.

Du öffnest die Arme und atmest dabei ein. Wenn sie parallel zur Schulter stehen, läßt du sie seitlich absinken und ruhen.

Beim Einatmen denkst du bzw. sagst du laut:
"Ich öffne mich..."
Beim Ausatmen:
"...und bin bei mir."
Lasse es zu einem harmonischen Zusammenspiel von Atmung, Bewegung und Sprache werden.

Übung:
Setze dich auf den Boden im Schneidersitz mit geradem Rücken. Nimm, falls nötig, ein Kissen als Unterlage. Lasse die Hände mit den Handflächen nach oben ineinandergelegt im Schoß ruhen.

Kreise nun, vom Steißbein ausgehend, mit Becken, Rücken und Kopf. Lasse die Kreise zunächst größer, dann kleiner werden, bis du schließlich die Bewegung einstellst.

Komme im Mittelpunkt zur Ruhe.

Genieße es.

Übung:
Stand, Knie leicht abgewinkelt, Hände liegen auf dem unteren Bauch.

Atme in ruhigen, langen Zügen in den Bauchbereich, dort wo deine Hände liegen.

Wenn es im Bauch warm wird, nimm die Hände weg und *lasse*

eine Bewegung aus dem Bauch heraus entstehen, die mit der Zeit den ganzen Körper erfaßt.

Nach etwa 20 Minuten lasse die Bewegung ausklingen und ruhe.

Übung:
Stand, wiege den Körper von vorn nach hinten, von links nach rechts, in beliebiger Reihenfolge.

Achte bei dieser Übung auf einen guten Bodenkontakt.

Übung:
Die Hände liegen vor der Brust wie bei der Gebetshaltung zusammen.
Einatmen: die Hände werden gegeneinander gedrückt.
Ausatmen: die Hände liegen leicht aneinander.

Übung:
Die Hände liegen vor der Brust wie bei der Gebetshaltung zusammen.
Einatmen: rechte Hand drückt gegen die linke.
Ausatmen: Pause
Einatmen: linke Hand drückt gegen die rechte.
Ausatmen: Pause
Mache die beiden Händeübungen etwa zehn Minuten lang.

Übung:
Zwei Partner sitzen sich im Schneidersitz gegenüber, legen die Hände ineinander, die Knie berühren sich leicht. Sie schauen sich dabei in die Augen und schweigen.

Diese Übung dient der Kontaktaufnahme und der Erhöhung des Energieflußes zwischen zwei Menschen.

Übung:
Beide Partner stehen sich gegenüber. Jeder legt die rechte Hand auf die linke Schulter des anderen.

Der linke Unterarm liegt in der Mitte in Brusthöhe zusammen.

Die linke Hand umfaßt den Ellbogen des Partners.

Beide Partner bewegen ihren linken Arm, einmal mehr in Richtung Partner A, einmal mehr in Richtung Partner B. Achtet darauf, was geschieht.

Ist das Yin-Yang-Verhältnis ausgeglichen in den Bewegungen, oder sind Blockaden da, die die Harmonie stören?

Macht die Übung auch mit dem anderen Arm.

Die linke Hand liegt dann auf der rechten Schulter und die rechte Hand und der Ellbogen sind in der Mitte.

Diese Übung gibt in ihrer Gestalt das Yin-Yang-Symbol wieder. Einmal ist die Yin-Kraft stärker ausgeprägt, das andere Mal, als Folge, die Yang-Kraft.

Übung:
Die Partner stehen sich gegenüber, legen die Hände in Brusthöhe aneinander.

Alle vier Daumen, vier Zeigefinger, vier Mittelfinger, vier Ringfinger, vier kleine Finger drücken in abwechselnder Reihenfolge, mit dem Daumen beginnend, gegeneinander, so daß eine wellenförmige Bewegung entsteht.

Dann macht die Übung, indem ihr mit dem Druck des kleinen Fingers beginnt.

Übung:
Dein Partner legt sich auf den Bauch.

Betrachte seinen Rücken. Du wirst feststellen, daß sich bei der Ein- und Ausatmung gewisse Teile des Rückens mitbewegen.

Dorthin lege deine Hände. Sage deinem Partner, er möge in diese Stellen hineinatmen. Es entsteht unter deinen Händen ein Wärmegefühl. Ist es ausreichend stark, bewege deine Hände in Richtung Kopf um eine halbe Handbreit weiter. Dein Partner atmet neu zu dieser Stelle hin. Ist auch hier die Wärme entstanden, bewege deine Hände wieder weiter. So kann der Rücken, einschließlich der Schultern, energetisch besser versorgt werden.

Beende die Übung erst, wenn deine Hände auf jeder Stelle des Rückens geruht haben.

Variation: Stelle dich hinter deinen ebenfalls stehenden Partner. Lege deine Hände auf seine Schultern. Er atmet zu den Händen hin.

Bewege deine Hände über die ganze Schulterpartie und den Nackenansatz.

Übung:
Beide Partner setzen sich mit dem Rücken aneinander, und zwar so, daß Becken, Wirbelsäule, Schultern und Hinterkopf sich **leicht** berühren.

Achtet darauf, daß sich keiner an den anderen anlehnt oder gar abstützt.
Spüre den Rücken und die dort fließende Energie bewußt.
Laßt die Rückenenergien sich miteinander verbinden.

Übung:
Ein Partner legt sich auf den Rücken. Der andere massiert den ganzen Bereich des Bauches mit leichten Bewegungen im Uhrzeigersinn.

Übung:
Ein Partner legt sich auf den Bauch. Der andere massiert mit dem Ballen der rechten Hand die hintere Beckenschale über dem Steißbein, wieder im Uhrzeigersinn. Große, langsam kreisende Bewegungen werden als angenehm erlebt.

Diese Massage kann, genau wie die Bauchmassage, auch allein ausgeführt werden.

Bauchmassage: Knie dich hin, entspanne die Bauchmuskulatur und massiere im Uhrzeigersinn, an der rechten Seite des Bauches hoch und an der linken hinunter.

Beckenschale: Die rechte Hand ballst du zur Faust und massierst mit der Fläche von Daumen und Zeigefinger im Uhrzeigersinn.

Übung:
Ein Partner legt sich auf seine rechte, der andere auf die linke Seite, so daß das Gesicht eine Armlänge von den Füßen des anderen entfernt ist.

Beide Partner umfassen mit ihren Händen die gegenüberliegenden Füße.

Der Energiekreis ist geschlossen.

Diese Übung kann auch von mehreren Personen gemacht werden.

Übung zu dritt:
Einer legt sich mit dem Rücken auf den Boden. Der zweite hält mit seinen Händen den Kopf. Die Daumen sind hinter den Ohren, die Finger liegen mit den Spitzen über dem Okzipitalknochen.

Der dritte Übungspartner sitzt an den Füßen und hält mit der rechten Hand die linke Fessel, mit der linken Hand die rechte Fessel.

Die Energie läuft durch den Liegenden hindurch, reinigt und entspannt ihn.

Variation:
Der Übungspartner am Kopf berührt die Wirbelsäule unter dem siebten Halswirbel (er steht etwas unten am Hals hervor)

Polaritykreislauf nach Richard Gordon

Dazu sind sechs Massagegebende notwendig. Der erste hält den Kopf leicht zwischen seinen Händen. Zeige- und Mittelfinger weisen Richtung Hals, der Daumen liegt über dem Ohr.

Der zweite befindet sich an der rechten Seite des Liegenden. Er legt die linke Hand auf die Stirn und die rechte Hand auf den Solarplexus.

Der dritte Massagegebende befindet sich ebenfalls an der rechten Seite. Die rechte Hand legt er auf den linken Hüftknochen und die linke Hand auf die rechte Schulter.

Der vierte ist auf der linken Seite und legt seine rechte Hand auf die linke Schulter und seine linke auf den Hüftknochen.

Der fünfte ist auf der rechten Seite des Liegenden. Die rechte Hand umfaßt den linken Fuß und die linke Hand die rechte Hand des Liegenden.

Der sechste befindet sich an der linken Seite. Seine linke Hand umfaßt den rechten Fuß und hält mit der rechten die linke Hand des Liegenden.

Alle beginnen das Mantra "OM" zu singen. Die Personen in Position drei und vier schaukeln das Becken des Liegenden gleichmäßig. Nach fünf bis zehn Minuten lassen alle das Mantra verklingen. Die Hände ruhen noch kurz auf den angegebenen Stellen und spüren die Energie. Dann werden die Hände eineinhalb bis zehn Zentimeter über ihren Platz gehoben und nach ein bis zwei Minuten weggenommen. Der, der die Massage empfangen hat, ruht solange er möchte. Wenn er will, kann er den anderen nach seiner Ruhepause von dem Erlebten berichten.

Der ganz große Kreis

Um diesen ganz großen Kreis zu bilden, sind acht Gruppenmitglieder notwendig.

Sie legen sich nebeneinander auf den Rücken im Kreis, mit den Füßen in Richtung Kreismittelpunkt.

Die Hände schließen Kontakt, indem sich die Fingerspitzen leicht berühren.

Die Beine sind gespreizt, der rechte Fuß hat Kontakt mit dem linken Fuß des rechten Partners.

Die Energie wird mit der linken Hand und dem linken Fuß empfangen und mit der rechten Hand und dem rechten Fuß weitergegeben.

Jeder in der Gruppe konzentriert sich darauf, "Liebe" weiterzugeben.

Was ebenfalls weitergegeben werden kann:

OM	Licht
Heilung	Unendlichkeit
Friede	Jetzt
Glückseeligkeit	Vollkommenheit

Meditation

Jede Meditationstechnik trägt die Möglichkeit zur Überwindung der Polaritäten in sich.

Die Meditationstechniken lassen sich nach ihren Ansatzpunkten gliedern in Körpermeditationen, Geistmeditationen, Naturmeditationen. Jeder Meditierende muß selbst herausfinden, welche Technik ihm angemessen ist.

Hier will ich einige Möglichkeiten vorstellen. Alle Meditationen haben das Ziel, das Bewußtsein für das Erkennen und Erfahren einer immer größeren Vollkommenheit zu reinigen.

Setze dich entspannt, mit geradem Rücken und geschlossenen Augen. Erwarte nichts, beobachte und akzeptiere das Geschehen.

Diese innere und äußere Haltung ist die Grundlage fast jeder Meditation und *ist* bereits Meditation.

Yin-Yang
Leere dich und lasse die Yin-Yang-Symbol vor deinem inneren Auge erscheinen. Lasse es auf dich wirken. Betrachte, was geschieht.

Energie – Atmung
Atme in dein Becken.
Ausatmen: von deinem Becken in den Mittelpunkt des Kopfes.
Einatmen: vom Kopf in das Becken zurück.
Ausatmen: vom Becken zum Kopf.

Energie – Atmung – Herz
Breite die Arme leicht zur Seite hin aus. Atme durch den Mund ein. Beobachte die Atembewegung deiner Brust.

Lasse den Strom der Atemluft bewußt zum Herzen gehen. Bei der Ausatmung strahlt von deinem Herzen Liebe aus.

Bauch - Atmung - Energie
Atme zu einem Punkt, kurz unter den Bauchnabel (Vitalitätschakra).

Atme von diesem Punkt aus durch den Bauch nach außen zur Welt hin aus.

Die vier Elemente
Entspanne dich, schließe die Augen.
Lasse die Erdenergie in dich ein.
Beobachte.
Die Erdenergie wird von der Wasserenergie abgelöst.
Sei ganz Wasserenergie.
Das Feuer löst das Wasser ab.
Lasse die Feuerenergie in dir aufsteigen.
Sei ganz Feuerenergie.
Lasse die Luftenergie kommen. Sie löst die Feuerenergie ab.
Sei ganz Luftenergie.
Sei alle Elemente.

Meditative Übungen, um in kurzer Zeit die Körperenergieen auzugleichen:
Schließe die Augen. Atme mehrmals tief, aber ohne Anstrengung, ein und aus.

Beim Einatmen stelle dir vor, daß du Energien aus dem Universum aufnimmst.

Beim Ausatmen verteile die Energie in deinem Körper und entspanne dich dabei.

Einatmen der Energien aus dem Kosmos wie oben.

Entspanne dich beim Ausatmen immer weiter.

Stelle dir vor, wie du beim Ausatmen das Kraftfeld deines Körpers immer mehr nach außen erweiterst, bis es etwa drei bis vier Meter deinen Körper umgibt.

Entspanne dich. Lasse dich von Wassermassen von Kopf bis Fuß durchfluten. Lasse die Wellen nach und nach immer kleiner werden, bis sie einen glatten Wasserspiegel bilden, ganz gleich einer windstillen See.

Farben

Lasse vor deinem inneren Auge eine Farbe erscheinen. Diese Farbe läuft durch deine Füße hoch bis zum Schädeldach und füllt dich ganz aus.

Dann lasse sie wieder durch die Füße in die Erde abfließen.
Mache den Anfang mit Schwarz,
dann gehe zu Grau über,
dann wechsle in der Reihenfolge Hellbraun,
Dunkelbraun,
Dunkelrot,
helles Rot,
Orange,
Gelb,
Grün,
Rosa,
Blau,
Violett,
Gold,
Silber,
Weiß.
Es ist nicht nötig, immer alle Farben zu nehmen. Du brauchst in deiner Situation wahrscheinlich nur bestimmte Farbschwingungen, um die Energie auszugleichen.
Du kannst folgendes machen:

Setze dich ruhig und entspannt hin und frage innerlich nach, welche Farbschwingung du im momentanen Zustand sinnvoll nutzen kannst.

Dann lasse dir die Farbe kommen und übe mit ihr.

Diese Farbe (es können mehrere hintereinander sein) reguliert deinen Energiehaushalt.

Körpermeditation
Setze dich hin, lenke deine Aufmerksamkeit auf deinen Körper. Beobachte, akzeptiere.

Energiemeditation
Setze dich hin, lenke deine Aufmerksamkeit auf deine Energie. Beobachte, akzeptiere.

Energieausgleich mit der Polarity- Wortmeditation
Wie an anderer Stelle bereits beschrieben, können die Energieblokkaden im Körper auch als Informations- und Impulsgeber angesehen werden.

Wird die Information, die in der festsitzenden Energie enthalten ist, direkt angesprochen, so wird eine Reaktion ausgelöst.

Dieses Ansprechen geschieht folgendermaßen:
Lasse das Wort "Zufriedenheit" vor deinem inneren Auge erscheinen.
Sieh es dir an.
Beobachte, wie es vor deinem inneren Auge auftaucht.
Lasse es auf dich wirken.
Beobachte deinen Körper.
Was wird ausgelöst?
Empfindest du größere Zufriedenheit oder wird ein anderes Gefühl ausgelöst?
Lasse es weiter wirken. Beobachte deine Körperreaktionen.
Bleibe unbeteiligter, neutraler Beobachter. Akzeptiere alles.

Durch dieses Wort, in dieser meditativen Form genutzt, wird die Polarität Zufriedenheit — Unzufriedenheit angesprochen.

Das Wort "Zufriedenheit" vor deinem geistigen Auge wirkt als Polarität zu den entsprechenden Informationsinhalten der Energieblockaden im Körper.

Bei der Polarisierung von Wort/Körperenergien werden Kräfte aktiviert, die letztendlich einen harmonischen Einklang hervorrufen.

Bist du in punkto "Zufriedenheit" ausgeglichen, d.h. ist keine energetische Besetzung des Wortes mehr vorhanden, so wirst du keine Reaktionen in deinem Körper mehr bekommen.

Du wirst wissen, erfahren, sein, was dieses Wort für dich bedeutet.
Wir kennen alle die Erfahrung , daß wir auf bestimmte Worte unterschiedlich reagieren.
Es sind manchmal Reizworte.
Ein Wort wie Fußball läßt bei einigen das Herz höher schlagen.
Das Wort Liebe kann Traurigkeit auslösen.
Das Wort Frieden läßt skeptisch werden.
Das Wort Auto löst Unruhe aus.
Dies sind Beispiele für die Korrespondenz Wort-Körperreaktion, die überall im täglichen Leben, zu Hause, am Arbeitsplatz etc. beobachtet werden kann.
Reaktionen wie oben geschildert zeigen eine Unausgeglichenheit, eine Besetzung, einen Energieblock an.
Bei der Beobachtung der Körperreaktionen darf keine Identifikation mit der Engergieformation stattfinden.
Der Beobachter muß sich von der in ihm bestehenden Information lösen und sie gleichzeitig zulassen.
Dieser Vorgang des Nichtidentifizierens braucht nicht in Worten ausgedrückt zu werden; wesentlich ist, daß die Energieinformation kein "Das bin ich" auslöst.
Die Energie wird nicht festgehalten, sondern lebt sich in einem Prozeß aus. Dieses Ausleben geschieht durch die verschiedenen Körperreaktionen.

Beispiel: das Wort "Haß":
Das Wort steht vor dem inneren Auge.
Körperreaktionen:
leichte Unruhe;
erhöhter Speichelfluß;
feuchte Hände;
Anspannung über den ganzen Körper;
ein inneres "Ich will nicht" kommt auf;
größere Feuchtigkeit der rechten Hand, linke wieder normal;
das Empfinden in der rechten Körperhälfte, "dreinschlagen" zu wollen;
Unzufriedenheit im Herzbereich;
nochmals: "Ich will nicht";
leichte Schmerzen in den Schultern;
Anspannung in der Kaumuskulatur;

Spannungen in der oberen Brust;
das Empfinden, daß die Energie aus den Schultern durch die Arme abfließt...
keine Reaktion mehr bei der Visualisierung des Wortes.
Der Übende ist in seinem Verhältnis zur Energie des Hasses ruhig und gelassen geworden. Haß bindet ihn nicht mehr, er hat ihn wahrgenommen und akzeptiert.

Durch den Prozeß lebte sich die feste Energie, die mit dem Haß korrespondierte, aus und kann nun nicht mehr das Erleben, Denken, Handeln des Menschen beeinflußen.

Die Wortmeditation mag etwa 15 Minuten dauern. Danach fühlt der Meditierende sich entspannter und befreiter; er ist aktiver und gelassener geworden.

Es gibt zwei Wege, um die richtige Wortmeditation für sich in Erfahrung zu bringen:

a) Entspanne dich, und lasse in dir das Wort, mit dem du zur Zeit arbeiten solltest, aufsteigen.

Dann visualisiere es wie oben beschrieben.

b) Bitte einen Freund/Freundin, sich auf dich zu konzentrieren und ein Wort, einen Satz oder eine Beschreibung kommen zu lassen, mit der du dann arbeiten kannst.

Gerade die zweite Möglichkeit eignet sich gut für Polarityeinzelsitzungen sowie für Polaritygruppen.

Es ist auch möglich, daß der Leiter der gesamten Gruppe ein Wort gibt, mit dem jeder einzelne so verfährt wie beschrieben.

Die Hautreizungen

Die Ladungen

Die horizontalen Ladungen
Der Körper läßt sich horizontal in verschieden geladene Zonen einteilen.

Füße, Becken einschließlich der Genitalien, untere Hälfte der Unterarme, obere Schulterpartie und Kinn sind negativ geladen.

Unterschenkel von Knien bis zu den Fußgelenken, oberer Bauchbereich bis zum Rippenansatz, obere Hälfte der Unterarme, Nase, Oberkiefer und Ohren sind neutral geladen. Oberschenkel, Hände, Oberarme, Brust bis zum Kugelgelenk der Arme und Augen/Stirn, Schädeldach sind positiv geladen.

Die vertikalen Linien
Der Körper läßt sich auch vertikal einteilen.

Die sogenannte Mittelpunktslinie läuft von dem höchsten Punkt des Schädeldaches senkrecht bis zu den Genitalien. So können gedachte Linien von oben nach unten durch den ganzen Körper gezogen werden.

Beide Einteilungen, die horizontale und die vertikale ergeben zusammen ein Koordinatensystem, um bestimmte Punkte ausfindig zu machen.

Gehst du mit dem Finger über deine Haut, so wirst du feststellen, daß du innerhalb eines Bereichs von wenigen Zentimetern verschiedene Empfindungen erleben kannst: leichter Schmerz, Taubheit, Kitzeln, Prickeln, Ruhe.

Diese unterschiedlichen Empfindungen kommen zustande, weil die Energie in bzw. auf der Haut unausgeglichen ist.

Nehmen wir an, eine solche Zone befinde sich auf der Mitte des rechten Oberschenkels. Sie befindet sich also in einem positiv geladenen Bereich. Jetzt denken wir die vertikale Linie und führen sie über den Körper durch alle anderen positiv geladenen Teile hindurch.

Ist in der Haut auf dem Oberschenkel eine Taubheit, so wird sie auch in den anderen positiv geladenen Bereichen auf der gedachten Linie zu finden sein.

Außerdem wird wahrscheinlich eine korrespondierende Taubheit auf der linken Körperhälfte auf der vertikalen Linie im positiven Bereich zu finden sein.

Übung:
Suche bei deinem Partner auffällige Empfindungen, indem du mit dem Finger über seine Haut gehst. Dein Partner teilt dir seine Empfindungen mit.

Suche dann die korrespondierenden Hautempfindungen in den anderen Körperteilen mit Hilfe des Koordinatensystems.

Registriere genau, wo diese Hautempfindungen sich einstellen und lasse dir die Polaritygriffe kommen, die diese Energien ausgleichen. Es ist besser, mit den Fingern als mit der ganzen Hand zu arbeiten.

Zur Orientiereung:
Der Daumen ist neutral geladen,
der Zeigefinder ist negativ geladen,
der Mittelfinger ist positiv geladen,
der Ringfinger ist negativ geladen,
der kleine Finger ist positiv geladen.

Überprüfe nach der Polarisierung, ob die Haut im polarisierten Bereich noch die Empfindungen aufweist wie zuvor.

Es kann durchaus sein, daß nur der unterste und der oberste Reizpunkt polarisiert zu werden brauchen, um alle anderen entsprechenden Reizungen aufzuheben. Es ist aber auch möglich, daß einige Sitzungen notwendig sind, um eine endgültige Harmonisierung zu erreichen.

Lasse dich bei deiner Tätigkeit von der Weisheit der fließenden, freien Energie leiten, und nichts, so ungewöhnlich und unverständlich es dir im Augenblick auch erscheinen mag, wird der Harmonisierung der unausgeglichenen Energiefelder entgegenstehen.

Die Vielfalt der Polaritygriffe gerade in der Arbeit mit Hautempfindungen könnte ein ganzes Buch füllen. Experimentiere mit dem oben dargestellten Koordinatensystem und lasse dich leiten.

Die Punkte

Wenn wir uns einen Menschen in bezug auf seine Energiestruktur hin ansehen, betrachten wir nicht nur den Verlauf der Energie in seinem Körper, sondern erforschen auch, ob kleine etwa pfenniggroße grau bis schwarz abstrahlende Punkte auf seiner Haut zu erkennen sind.

Übung:
Sieh dir deine Haut auf solche schwarzen Punkte hin mit deinem inneren Auge an.

Übung:
Lerne die schwarzen/dunklen Punkte bei deinem Partner zu erkennen.
Wenn du direkt auf die Haut siehst, erkennst du die dunklen Kreise.
Wenn du den Bereich oberhalb der Haut betrachtest, erkennst du die dunklen Abstrahlungen.
Der Rücken ist für diese Übung besonders geeignet. Drücke den dunklen Punkt mit deinen Fingern. Lasse dich leiten, welchen Finger du nimmst und in welcher Reihenfolge du die Punkte drückst. Vielleicht leitet die Energie dich auch so, daß du zwei Punkte gleichzeitig drückst.
Dein Partner wird, wenn du drückst, zunächst einen Schmerz an dieser Stelle verspüren und dann Erleichterung. Die in diesem dunklen Punkt festgehaltene Energie wird durch den Druck freigesetzt. Mit deinem inneren Auge kannst du sehen, wie die Energie sich in deinem Partner ausbreitet und ihm zu größerem Wohlbefinden und Harmonie verhilft. Sehr nützlich ist es, die dunklen Punkte miteinander zu polarisieren. Dazu benutzt du die Zeigefinger manchmal auch die Mittelfinger. Der tiefer liegende Punkt wird meist mit dem

Mittelfinger der rechten Hand berührt, der höher zum Kopf liegende mit dem Zeigefinger der linken . Liegen beide Punkte auf gleicher Höhe, werden auch gleich geladene Finger benutzt.

Die Energien

Die im Körper festsitzende, dunkle Energie ist ehemalige frei fließende Lebensenergie.

Diese lebendige, freie Energie wurde und wird durch erschreckende, belastende, frustrierende Erlebnisse festgesetzt.

Da der Mensch sich nicht mit dem Geschehen auseinandersetzen konnte oder wollte, wurde sie eingefroren und manchmal auch vergessen. Die Botschaft dieses Erlebnisses ist ebenfalls als Einprägung in der festgehaltenen Energie vorhanden.

Die dunklen Energieblöcke verschieben und blockieren den Fluß der Lebensenergie und bedingen damit ein bestimmtes Gefühls-, Erlebens-, Handlungs- und Denkschema.

Als Folge davon wird auf bestimmte Gewohnheiten viel Energie gelenkt, andere Möglichkeiten aber können nicht genutzt werden, wenn die Blocks bestehen bleiben.

Der Mensch hält diese unbewußte Auswahl für seine individuelle Prägung, für sein "So-bin-ich", für sein Schicksal, und verwechselt, weil ihm die Informationen über die wirklichen Zusammenhänge nicht bekannt sind, seine Sichtweise der Welt mit der Realität.

Damit soll nicht gesagt sein, daß Gefühle und Empfindungen nicht real wären. Sie sind und bleiben jedoch bloß subjektiv, wenn sie nicht vom Fluß der lebendigen, freien Lebensenergie getragen sind.

An dieser Energie hat der Mensch allezeit teil. Sie ist aber nicht rational und nicht gefühlsmäßig, sondern neutral und dennoch liebevoll-warm, immer dem Leben, dem Jetzt "verpflichtet".

Die festsitzende Energie ist nicht für das Hier und Jetzt zur Verfügung. Sie ist auf die Vergangenheit oder auf die Zukunft gerichtet. Hoffnungen, Befürchtungen, Unsicherheiten sind fühlbare Produkte der festgehaltenen Energie.

Energieblocks haben ihre innewohnenden Informationsstrukturen, die sich manifestieren in Vorurteilen, in Weltanschauungen, in Sätzen die mit "Du mußt, du sollst, du darfst nicht!" usw. beginnen. Solche Informationen sind die Zusammenfassung der Situation, in der der Block entstanden ist. Sie sind, wenn auch unbewußt, im Menschen aktiv und äußern sich in Form von Lebenskonzepten: Sei traurig, wenn... Mit Krankheit kommst du besser durchs Leben. Hüte dich vor Frauen/Männern, sie machen dich doch nur unglücklich, usw.

An solche "Lebensweisheiten" halten sich offensichtlich viele und meinen, damit hätten sie den Schlüssel zum Glück in ihrer Tasche.

Ist ein Energieblock und damit der Befehl bzw. die Information aufgelöst, orientiert sich der Mensch mehr am Hier und Jetzt. Er ist objektiver geworden.

Er hat nicht mehr die Tendenz und inneren unbewußten Zwang, traurig zu sein, wenn..., oder die Vorstellung, daß er mit Krankheit besser durchs Leben käme etc. Er wird im Laufe der Polarityarbeit immer freier von zwanghaften Lebenskonzepten und Weltanschauungen.

Er lebt das Leben so, wie es ist.

Er ist verantwortungsvoll, weil er die eigentliche Antwort auf alles weiß.

Diese Antwort heißt: Liebe.

Wirksamkeit und Wirklichkeit

Nochmals: Was ist Polarität?

Polaritäten werden von der beschränkten Sichtweise der menschlichen Ratio geschaffen und bedeuten somit eine Einschränkung des Lebens.

Polaritäten existieren nicht wirklich. Sie sind eingeblendete Bilder — Einbildungen — der Wirklichkeit.

Die Wirklichkeit ist Einheit, stetiger Fluß.

Nur im Jetzt gibt es keine Beschränkung. Das Jetzt ist der Fluß, vergleichbar mit dem Fluß der Lebensenergie zwischen den Händen. Polaritäten sind Hilfsmittel, die Wirklichkeit immer tiefer zu erfahren. Jeder Mensch muß, wenn er sich weiterentwickeln will, die Polaritäten akzeptieren, er sollte sich jedoch nicht mit ihnen identifizieren, sondern sollte sie lediglich wirken lassen, damit sie transzendiert werden können.

Das System der Polarität ist in sich stimmig, es gibt jedoch immer nur einen Teil der Realität unter einem beschränkten eigenen Blickwinkel wieder.

Nochmals: Was ist Polarity?

Polarity nutzt die Polaritäten, um sie letztendlich zu überwinden.
Polarity ist eine *Methode*.
Polarity sieht den Menschen ganzheitlich.
Polarity bietet dem Menschen die Möglichkeit, sich ganz zu entfalten.

Für wen ist Polarity geeignet?

Polarity ist für Menschen geeignet, die aus einem unbefriedigenden Zustand in größere Harmonie kommen wollen.
 Polarity hilft den Menschen, sich in bestimmten Bereichen mit dem Ziel der Ganzheit zu erweitern.
größere Vitalität,
größere Lernfähigkeit,
größere Harmonie der Bewegungen,
bessere Konzetration,
mehr Gelassenheit,
mehr Kreativität,
mehr Freude im Leben,
immer mehr Da-Sein.
Polarity hilft Menschen, die sich von
Unruhe,
Streß,
Unzufriedenheit,
Dumpfheit,
Egoismus,
Lieblosigkeit,
Unbewußtheit
und Ängsten befreien wollen.

Wer kann Polarity anwenden?

Jeder — in jedem sind die Polaritäten vorhanden, zwischen denen die Lebenskraft fließt.
 Jeder kann die Polaritytechniken erlernen, um sie in der Familie, in der Schule, im Kindergarten/laden, in Sportzentren, in Selbsterfahrungs/Entwicklungsgruppen anzuwenden.

Fallbeispiele

Beispiel 1:
P. ein junger Mann von 25 Jahren, religiös stark engagiert, kommt zu Polaritysitzungen, weil er "sauber" werden muß.
Er muß regelmäßig zur Kirche gehen, er muß morgens in aller Frühe aufstehen, er muß sich immer wieder religiös besinnen.

Energieverteilung:
Sein Kronenchakra ist leicht geöffnet, ebenso sein Milzchakra. Alle anderen Chakras sind geschlossen. Arme und Beine sind kaum mit Lebensenergie versorgt. Der Fluß der Lebensenergie an der Wirbelsäule ist sehr schwach.
Er hat ein gering ausgebildetes Körperbewußtsein. Sexualität lehnt er nicht bewußt ab, aber er lebt sie so gut wie gar nicht.
Im Lauf von 12 Polaritysitzungen über 24 Wochen kehrt er langsam wieder zur Erde zurück.
Zunächst bekommt er die Aufgabe, regelmäßig einmal am Tag die Wurzelübung zu machen — mit leidlichem Erfolg. Es bilden sich an seinen Füßen nur kleine Würzelchen.
Mit der Polarity-Wortmeditation lernt er, immer mehr auf seinen Körper zu achten und auf dessen Signale zu hören.
Er beobachtet sich und entdeckt, daß zu ihm auch die Sexualität gehört. Je tiefer er seine Sexualität erfährt, desto freier wird er von seinen Zwängen.
Die Lebensenergie kann in ihm immer besser fließen.
Vereisungen im Becken schmelzen weg, die Stahlplatte in seiner Brust löst sich auf.
Er bekommt bedeutend mehr Verbindung zu sich, zu seinem Körper und fühlte sich zusehends wohler.

Beispiel 2:
Frau G., eine 40jährige Hausfrau hat seit Beginn ihrer Ehe vor 19 Jahren Verständigungsschwierigkeiten in allen Bereichen mit ihrem Mann.
Sie hat, da sie konservativ erzogen wurde, keine Möglichkeiten gefunden, ihre Ehe befriedigend zu gestalten oder aufzulösen.

Energieverteilung:
Ihre Lebensenergie ist, bis auf ein Minimum in ihrem Becken, gesunken.

Sie spricht sehr gut auf Polarity an. Bei der Polarity-Wortmeditation kommt es fast jedesmal zu heftigen Abreaktionen der festsitzenden, blockierenden Energie. Jedesmal verspürt sie eine große Erleichterung, eine grundlegende Befreiung bleibt aber zunächst aus.

Die Lebensenergie im Rücken ist im Laufe der Sitzungen voll stabilisiert worden, so daß das Stirnchakra gereinigt werden kann.

Die dort festsitzende Energie entlädt sich innerhalb weniger Sekunden.

Die um ihr Elend und um ihre Ehe kreisenden Gedanken verrauchen. Sie hat einen "klaren Kopf" bekommen.

Sie sagt, daß durch diese Polaritysitzungen die Last der ganzen 19 Jahre unglücklicher Ehe von ihr abgefallen wäre.

Nach 14 Treffen hat sie die Kraft und den Überblick gewonnen, ihr Eheschicksal in die Hand zu nehmen.

Beispiel 3:
Ch., ein 42jähriger Grafiker kommt zu Polaritysitzungen. Er beschreibt sich als sehr unruhig, leicht reizbar, latent unzufrieden, ohne einen faßbaren Grund dafür zu erkennen.

Er hat immer weniger Interesse an seiner Arbeit, die ihn einmal sehr ausgefüllt hat.

Energieverteilung:
Korpus und Kopf getrennt, kaum noch Energie in den Armen. Mengen von festsitzender Energie um Kopf, Brust und Bauch.

Nach 17 Treffen, in denen mit Polarity gearbeitet wurde, sind seine Unzufriedenheit, seine Unruhe und seine Arbeitsstörung wie verflogen.

Die feste Energie in Bauch und Brust wurde teilweise in die Erde abgelassen, teilweise kam sie seiner Arbeit zugute. Nachdem diese Überladungen ausgeglichen waren, verband die Lebensenergie ohne Schwierigkeiten Kopf und Körper. Dann konnte auch die kreisende, festsitzende Energie um den Kopf abgelassen werden.

Während der letzten Polaritysitzungen erlernte er eine Meditationstechnik, mit deren Hilfe er sich weiterentwickelt.

Beispiel 4:
K., eine 26jährige Hausfrau und Mutter von zwei Kindern, will acht Polaritysitzungen machen, um innerlich weiterzukommen. Nach diesen Sitzungen ist sie bedeutend wacher, aktiver, gelassener geworden.

Sie braucht, da sie nun einen größeren Überblick, größere Ausdauer und mehr Geschicklichkeit hat, weniger Zeit für die täglich anfallende Arbeit im Haushalt und kann sich nun mehr sich selbst und den Kindern widmen. Die "zusätzliche" Zeit nutzt sie auch zur Weiterbildung.

Das Körperbewußtsein hat sich erhöht. Die kleineren Unpäßlichkeiten sind verschwunden.

Sie ist in der Lage, die eigene, manchmal in Unordnung geratene Körperenergie selbst wieder in Ordnung zu bringen.

In diesen acht Sitzungen wurde ausschließlich mit Polaritygriffen gearbeitet, die über große Körperbereiche hinweg die Energie zum Fließen bringen.

Beispiel 5:
Ein 40jähriger Lehrer kommt, wie er sagt, ebenfalls, um sich weiterzuentwickeln. Er habe keine ausdrücklichen Schwierigkeiten.

Energieverteilung:
Geringe Lebensenergie in der Wirbelsäule. Extrem viel festsitzende Energie im Kopf und am ganzen Körper dunkle, wolkige Energie.

Er sprach nicht auf die Wortmeditationen an. Polaritygriffe brachten bei ihm sehr wenig Energie in Bewegung.

Sein Körper war von einem ihn vollkommen erfassenden "Nein" beherrscht, mit dem er sich ganz identifizierte. Diese Identifikation wollte er nicht aufgeben, da er mit seinem Körper nichts zu tun haben wollte.

Wir trennten uns nach dem viertem Treffen.

Beispiel 6:
Ein junger Mann, Mitte Zwanzig, kommt "hereingeschneit", redet konfus, mit fahrigen Bewegungen. Sofort erzählt er, daß er keine Arbeit und keine Freunde hat.

Wir machen eine Erdungsübung mit Energieaufnahme durch die Füße. Er spürt, wie die Energie durch die Füße und Beine in seinen Körper kommt. Dabei muß er sehr tief und intensiv atmen. Nach dieser Übung geht er ruhig und gelassen seines Weges. Ihm wird empfohlen, die Erdungsübungen mehrmals wöchentlich zu machen.

Beispiel 7:
D., 23 Jahre, männlich, kommt zu Polaritysitzungen, um seinen Körperenergiefluß zu erhöhen.

Er macht seit vier Jahren fernöstliche Kampfsportarten, was ihm sehr viel Freude und Erfolg gebracht hat.

Er beschreibt sich als einen Menschen, der aktiv ist, aber seit einiger Zeit das Gefühl hat, nicht recht weiterzukommen.

Energieverteilung:
Die Füße sind in den Fesseln vom Körper getrennt. In und auf dem Rücken schleppt er eine Menge festsitzender Energie mit sich herum. Der Kopf ist energetisch vom Körper getrennt. Die Arme sind in den Schultern nur durch wenig Energie mit dem Brustkorb verbunden. Ich bespreche mit ihm seine Energieverteilung. Während des Gesprächs fließt ein Teil der festsitzenden Energie des Rückens ab.

Er bekommt für zwei Wochen die Aufgabe, täglich mehrmals die Arme auszubreiten, die Hände als Pole wahrzunehmen und die Energie zwischen den Polen fließen zu lassen. Nach diesen zwei Wochen sind die Energieblockaden in den Schultergelenken aufgelöst. Mit Hilfe von Polaritygriffen wird die Verbindung Kopf — Körper wiederhergestellt. Gleichzeitig verschwindet die Blockade, die die Füße abtrennte. Er ist nach sechs Sitzungen vollkommen gelassen, mit einer Vitalität und Spannkraft, die er bisher nicht kannte. Seine Bewegungen sind flüssiger, geschmeidiger und kraftvoller geworden.

Seinen Kampfsport betreibt er jetzt mit größerem Erfolg.

Grundsätze

Jeder Mensch ist vollkommen.
Aber er muß diese Vollkommenheit erst erfahren.

Denken, Fühlen und Empfinden können sich irren — die Lebenskraft, das Leben, nicht.

Das Hier und Jetzt ist der Weg.
Das Ziel: Einheit hier und jetzt.

Alles ist möglich.

Es gibt keine Polaritäten. Sie sind Produkte unseres Verstandes.
Es gibt den stetigen Fluß der Lebensenergie.

Alles kommt und vergeht.
Das Alles bleibt.

Liebe heilt, nicht ich.

Hingabe an das Leben bringt Leben.

Aus Liebe entsteht Lieben.
Aus Lieben entsteht Liebe.
Liebe ist Lieben.

Nullpunkt

Meist spielt sich das Leben eines Menschen zwischen folgenden Polaritäten ab:

positiv	negativ
Freude	Angst
Liebe	Haß
Gemeinschaft	Einsamkeit
Ordnung	Chaos
Reichtum	Armut
Gesundheit	Krankheit
Schönheit	Häßlichkeit
Frieden	Krieg
Zufriedenheit	Unzufriedenheit
Ruhe	Streß
Leben	Tod
Aufbau	Zerstörung
Arbeit	Arbeitslosigkeit
Glück	Unglück
Hochstimmung	Depression
Erleuchtung	Dumpfheit
Kraft	Schwäche

Der Mensch wandert zwischen den Polen hin und her. Ist er im Bereich einer "positiven" Polarität, befürchtet er die "negative" Seite. Ist er im Bereich einer "negativen", so hofft er auf die "positive" Polarität.

Er ist immer auf dem Weg von — nach, solange er nicht im Nullpunkt ist.

Das Leben wird von Hoffnung und Befürchtung geleitet und nicht von ihm selbst.

Bibliografie

Dychtwald, Ken, *Körperbewußtsein*, Synthesis Verlag, Essen, 1981

Gordon, Richard, *Deine heilenden Hände*, Irisiana Verlag, München, 1980

Feng, Gia-Fu und English, Jane, *Tao Te King*, Irisiana Verlag, München, 1981

Eichler, Norbert A., *Das Buch der Wirklichkeit*, Papyrus Verlag, Hamburg, 1983

Kurtz, Ron und Prestera, Hector, *Botschaften des Körpers*, Kösel Verlag, München, 1981

Golacz, Thaddeus, *Der Erleuchtung ist es egal wie du sie erlangst*, Sphinx Verlag, Basel, 1981

Amelia D. Auckett
WIE MAN EIN BABY GLÜCKLICH MACHT
Babymassage —
die Kunst der sanften
Berührung

124 Seiten
durchgängig illustriert
DM 12,80
ISBN 3-924624-02-X

"Durch die besondere Art der Berührung ist Massage ein Ausdruck der Liebe."
Damit ist klar, daß die einfühlsame körperliche Zuwendung vom ersten Moment der Geburt an einen liebevollen, harmonischen Kontakt zwischen Eltern und Kind initiiert, denn berühren und Berührtwerden ist eine unerschöpfliche Quelle der Lebenskraft.
Beginnend mit tiefem Einfühlen in das Geburtserlebnis führt Amelia D. Auckett an die Praxis der Babymassage heran, gibt praktische und hilfreiche Anweisung für verschiedene Massagetechniken, die auf die jeweiligen Bedürfnisse des Babys ausgerichtet sind. Die Autorin will dabei gleichzeitig zum eigenen intuitiven Ausprobieren und Weiterforschen anregen. Ihre einfühlsame Sprache, ihre gezielten Anweisungen und die vielen vom Erleben der Zärtlichkeit geprägten Fotos sind dabei eine wertvolle und brauchbare Hilfe.

Mütter und Väter, die nach einer Methode suchen, ihrem Kind liebevolle und sanfte Zuwendung zu zeigen, finden in "Wie man ein Baby glücklich macht" ein bedeutungsvolles Handbuch.

Wilfried Teschler
DAS POLARITY FUSSBUCH
Eine praktische Einführung in die energetische „Sprache" der Füße

128 Seiten
reich illustriert
DM 12,80
ISBN 3-924624-10-0

Ein Mensch mit dem Kopf in den Wolken, kann seine Füße nicht auf dem Boden haben, sagt ein altes chinesisches Sprichwort, es sei denn, er ist ein sehr großer Mensch. Betrachten wir den Menschen als Ganzheit, spiegeln die Füße die Art und Weise wider, wie wir im Leben stehen, wie wir durchs Leben gehen. Unser Bodenkontakt ist ein Indiz für unser Realitätsempfinden. Unsere Füße verraten unsere Einstellung: zurückgezogen, gebrochen und deformiert, oder kräftig, gesund und heil.
Wilfried Teschler hat ein „Polarity"-System entwickelt, das es erlaubt, die energetische „Sprache" der Füße zu lesen. Polarity-Fußarbeit erreicht den ganzen Menschen. Ein veränderter Energiehaushalt der Füße hat eine Verschiebung der Grundeinstellung zur Folge. Eine harmonisierende Fußbehandlung erzielt über eine verbesserte Erdung eine Optimierung des Lebensgefühls, und kann so eine Neuorientierung des ganzen Menschen einleiten.
„Zeig mir Deine Füße und ich zeig Dir..."

Luis Zuchtriegel
SELBST BEWUSST SEIN
Übungen und Spiele zur
Selbsterfahrung für Paare,
Gruppen und Einzelpersonen

128 Seiten
illustriert
DM 12,80
ISBN 3-924624-11-9

Das letzte Abenteuer für den modernen Menschen heißt Selbsterfahrung. Was könnte hinter den Masken und Rollen, den sozialen und privaten Spielen stecken, hinter den Persönlichkeiten im Sonderangebot? Wörtlich genommen führt Selbst-Erfahrung zum Selbst, das weit mehr umfaßt als die Ich-Schalen. Ganz dingfest läßt sich das Selbst nie machen, denn jedes Bild ist bereits eine weitere Verkleidung. Blickst du hinter den Spiegel, erblickst Du einen weiteren Spiegel, und so weiter ... das Spiel mit den Spiegeln ist die einzige Chance, dem Kern seines Selbst näherzukommen. Für die Mühen des Spielens aber entschädigen die Freuden. Der Autor gliedert die Übungen in den körperlichen, den psychischen und den mentalen Einstieg in das Selbst. Natürlich schwingt jeder dieser Aspekte im anderen mit — und gerade ihre Integration ist auch das Ziel. Für jede Ebene finden sich Einzel-, Paar- und Gruppenübungen. Alle können ohne Mitwirkung eines professionellen Helfers durchgeführt werden.